万卷书蠹文丛

硕学方为席上珍

吴宓的读书生活

蔡恒 高益荣 著

北方联合出版传媒（集团）股份有限公司

万卷出版公司

ⓒ 蔡恒　高益荣　2018

图书在版编目（CIP）数据

硕学方为席上珍：吴宓的读书生活 / 蔡恒，高益荣
著. —沈阳：万卷出版公司，2018.10
（万卷书蠹文丛）
ISBN 978-7-5470-5042-2

Ⅰ.①硕… Ⅱ.①蔡…②高… Ⅲ.①吴宓（1894—
1978）—生平事迹 Ⅳ.①K825.4

中国版本图书馆CIP数据核字（2018）第187754号

出 品 人：刘一秀
出版发行：北方联合出版传媒（集团）股份有限公司
　　　　　万卷出版公司
　　　　　（地址：沈阳市和平区十一纬路25号　邮编：110003）
印 刷 者：天津旭丰源印刷有限公司
经 销 者：全国新华书店
幅面尺寸：145mm×210mm
字　　数：230千字
印　　张：9.5
出版时间：2018年10月第1版
印刷时间：2018年10月第1次印刷
责任编辑：胡　利
责任校对：高　辉
封面设计：范　娇
版式设计：万晓春
ISBN 978-7-5470-5042-2
定　　价：45.00元
联系电话：024-23284090
传　　真：024-23284448

吴宓先生像

吴宓与夫人陈心一、长女学淑

白璧德像

昨奉 惠書具見 先生研精舊籍整理國故之
至意實深敬佩惟敝誌所收類以單篇專著為限
大作將來擬刻成書但登目錄實違體例至不獲
已謹此璧還尚乞 諒之即請
學安
　　　　　　學衡雜誌社覆上 三月二十八日

吳宓手札

吳宓手札一

愛此春光好郊園多俊遊廣場如蟻聚緩步共驚

傳壁立觀新技歡呼中彩毬良辰兼樂事年少

最無愁　其一　愛此春光好傾城士女來雲裳欣稱

體短髮競新裁振蕩天魔聲迷離錦繡堆滿

園桃李盛應為媚人開　其二

民國十七年四月清華園舉行華北運動會各種毬賽觀者云五十八子
作四詩寫之今錄其二首焉

福田兄嫂紀念並祈兩政

吳宓

民國三十八月

吳宓手札二

序

"书"的本义是"书写"，后来引申为"书写的文本"。早期的"书"是写在简、牍或丝帛上的，即所谓"书之竹帛"。"书之竹帛"是为了"传遗后世子孙"，向同时代的人或后人传递讯息。古往今来，书籍的载体已经由简帛转变为纸张乃至电子数据，而书籍所承载的，不外乎知识、记忆、情感与思想。

战国时代的惠施博学多闻，相传他的书（当时是写在简牍上的）足足装了五辆车，这便是"学富五车"的来历。书是文化的载体，也是知识的载体，人类文明之所以能代代相传，知识之所以能不断累积，很大程度上靠的是书籍的力量。书籍是学问的代名词，饱读诗书者，也便是硕学之士。

与印度等古代文明不同，我们的祖先历来注重历史的记录，形成了以二十四史为核心的记史传统。中华文明之所以绵延不绝，在世界文明之林中独树一帜，一个重要原因便是汉字的连续发展以及以此为基础的记忆传承。而历史记忆的作用，正在于明得失、知兴替。

在书籍中，我们同样能看到一个个鲜活的人。他们的喜怒哀乐转化为文字，千百年后仍有震撼人心的力量，引发我们的共鸣。即便是典正古雅的"诗三百"，同样能窥见先人的悲喜。唐诗宋词，无不是情感的流露。这些文字汇聚起来，又能激荡起时代的脉动与情绪。

"书"最初偏重于实用性较强的文体，《尚书》之"书"本来是公文。但《尚书》之所以被人世代传诵，根本原因在于其思想性。从先秦诸子到近代新文化先驱，他们前赴后继，高擎思想的火炬，点燃民族的奋进之路。

中华民族历来敬畏知识、记忆、情感与思想，也便敬畏书。敬畏书，也便好读书，并敬重好读书的人。书籍对于我们来说，并不是一种简单的物品，而是蕴涵着宇宙、人生之道，记载着我们的过去、现在并描绘着将来，展示了社会、生活和个体生命情感的无限丰富性，承载着人类的精神文化创造的灵性之物。因此，在很大程度上，我们更愿意将书看作是一种生命的延续，一种使生命达到不朽的途径。

书是用来读的。没有阅读，书的意义便不复存在，或者至少其意义要大打折扣。明人于谦曾经作过一首《观书》诗：

书卷多情似故人，晨昏忧乐每相亲。

眼前直下三千字，胸次全无一点尘。

活水源流随处满，东风花柳逐时新。

金鞍玉勒寻芳客，未信我庐别有春。

在读书人的眼中，书卷无异于多情的故人。有书卷陪伴，无论快乐的还是忧伤的光阴都可以安然度过；有书卷存在，可以使屋舍生辉，心生欢喜；有书卷在胸，内心得以充盈，思想得以绽放。读书人泛舟书海，博览群籍，好读书，读好书，会读书，刻意用功，发愤图强，乐而忘苦，终生与书本相伴。他们读书、藏书、抄书、著书，思于书，劳于书，苦于书，乐于书，正所谓"衣带渐宽终不悔，为伊消得人憔悴"。读书丰富了他们的知识，提升了他们的人格，陪伴他们走过了自己的生命之旅，帮助他们成就了人生的事业。更有那勤学敏思、才胆识力卓出者，于"灯火阑珊处"发现了宇宙之道，参悟了天人之义，建构起了自己的思想和价值情感世界，因而著书立说，以其一家之言而泽被后来的读书人。

读书造就了一代又一代的圣哲通儒、仁人志士、学术大师、文章大家，远者不说，仅我国近、现代以来读书人中所产生的伟人志士、大师名家就可以开列出一个长长的单子，他们犹如璀璨的繁星，照亮着20世纪以来中国思想、文化的夜空。他们身处社会剧变、民族危亡、文化转型的历史关头，于是将自己的事业与民族、国家的命运紧紧地联系在一起，或者投身于炽热的社会现实斗争之中，以笔为枪、以纸为旗，用自己的学识为中华民族的振兴、社会的发展进步和新思想、新文化的诞生与发展做出卓著的贡献；或者埋首于中外浩如烟海的典籍之中，在学术文化领域辛勤耕耘，默默地奉献着自己的才智，以其丰硕的研究或创作成果维系和延伸着中华民族的学脉、文脉，从而推动了现代以来中国学术文化事业的发展。无论属于何种情况，他们都是在为民族和国家的救亡与启蒙、解放与振兴以及学术文化的发展兴盛写心立言。在他们身上，"经世致用"这一中国知识分子读书治学的优良传统得到了充分的体现。

摆在我们面前的这套丛书，便是一组读书人的文化群像。他们包括王国维、梁启超、陈寅恪、吴宓、鲁迅、胡适、林语堂、郭沫若、钱钟书这些时代巨子。他们好读书，勤著书，为传承、发展我们民族的文化奉献一生，是中华民族的文化精英与楷模。了解他们的读书生活，知道他们读书生活中的点点滴滴，与阅读他们的著作一样，照样可以走进他们的思想、精神、情感世界之深处。因此，这套丛书选取"读书生活"这一特定的角度，通过叙述这些名家大师如何读书、写书、购书、藏书、爱书，以及介绍他们的家学渊源、师承关系、访学交游、讲学课徒等侧面，来展现他们的读书方法、治学特点以及事业成就。对于这些巨匠的读书生活，我们得以有更直观、深切的感受。

在写作风格方面，本丛书则尽量追求实录性和情境化，着重围绕这些现代学术文化史上的巨匠们在读书生活中所发生的种种趣闻美谈、掌故逸事，以见出他们的人生志向、精神境界和生活风貌。这些文化巨匠的读书治学、人生经历和事业成就本身，也无不反映出近现代以来中国思想、文化、学术曲曲折折的发展道路和复杂多变的特点，从中可以寻绎出现代中国思想、文化、学术形成和发展的脉络与经验。因此，介绍这些名家大师的读书生活，实际上也就是对 20 世纪中国思想、文化和学术史进行一种特定层面、特定角度和特定方式的描述；了解这些名家大师的读书生活，在一定程度上也就是对 20 世纪中国思想、文化和学术风云变幻历史的一次回顾与反思。

这些名家大师的读书方法、思想方式、治学特点，以及他们的人生追求、理想目标、生活情趣和精神境界，作为一种参照系统和历史经验借鉴，对于今天和未来的热爱知识与学问，热爱书籍，从而有志于读书、治学的读者朋友而言，无疑是大有裨益的。在强调"全民阅读"的今天，读什么书、如何读书仍是大家所关注的话题，互联网文化的扩张和智能手机自媒体的广泛应用，虽然给人们获取信息提供了诸多便利与更多的选择，但是同时又导致了阅读的浅表化、碎片化、快餐化，从而给读书带来了巨大的冲击，尤其是在阅读经典、经典化阅读方面，所受到的影响更加严重。

有些人说现在的社会太浮躁，很少有人会静下心来读书。我们何尝不能说，正是因为读书太少，有些人的心不复宁静？腹有诗书，内心自会充盈，也自会以更自信的心境审视周遭的世界。正是从这些名家大师的身上，从这套丛书中所展示的文化大家的读书生活中，我们或许能获得诸多人生的教益，能找到自己想要的关于生命价值何在的答案。

　　本丛书采撷那些在读书治学方面堪称斫轮巨匠的名家大师们在书海中泛舟的点点帆影，来再现他们的神采风姿，以此奉献给读者，并且希望它们能陪伴读者朋友们度过一段快乐的读书时光。如果这一初衷能够实现，对于我们来说则是再幸运不过的事情了。

党圣元

2018 年 9 月于北京

目 录

会通中西古今的"万能博士"

　　中国文化名人，中国比较文学研究先驱，原清华大学、西南联大教授吴宓先生（字雨僧），1894 年诞生于陕西省泾阳县，是关中大儒刘古愚的再传弟子，早年就读于三原宏道学堂，同学有张奚若等知名人士。吴宓于 1911 年考入清华留美预备学校，1917 年赴美留学，1921 年毕业于哈佛大学比较文学系，获硕士学位。回国后，他担任清华大学国学研究院主任，延聘了梁启超、王国维、陈寅恪、赵元任四位学术大师任教，造就了我国近现代最优秀的国学鸿儒：王力、陆侃如、高亨、姜亮夫等 70 余人。他又主持清华大学外文系，制订了培养"博雅"之士的方案，并身体力行，鞠躬尽瘁，培养出我国当代最负盛名的外国语言文学大师级学者：钱钟书、曹禺、季羡林、李健吾、李赋宁、许国璋，等等，遂成为20世纪40年代享有教育界最高荣誉的"部聘教授"，并成为国内外闻名的"清华学派"的代表人物之一。这些成就奠定了他在我国教育史、文化史、学术史上的崇高地位。

　　凡考查过世界文明发展沿革的人都知道，学派对繁荣一国之学术，具有极其重大的作用。"清华学派"对于中国，不仅促进了学术水平的极大提高，而且推出了一大批社会科学、自然科学的学术大师，为举世所瞩目。然则，清华学派是一个有组织、有纲领、有计划的学术团体或机构吗？也不是。把这些学术大师联系在一起的，不过是他们共同工作、生活在清华园而已。由于他们出身经历相似，又朝夕相处，携手并肩地从事教学与科研，于是水到渠成，自然而然地形成了共同的追求、共同的特点，乃至于共同的情趣与风貌。这就是"中西会通""古今会通"，有些学者甚至"文理会通"。因此，人们习惯地称之为"会通派"。他们既有深厚的国学根基，又有系统的西学素养。他们中的许多人留学欧美，就读于哈佛、耶鲁、牛津、剑桥等名牌大学，精通多国语言文字。吴宓既通晓英、法、德语，晚年还自学了俄语，称他学贯中西是当之无愧的。他们又都了解古代，如中国的周秦汉唐，西方的古希腊、罗马；同时又熟悉当今海内外世事，博古通今是很自然的。吴宓虽在外文系，教的是西洋文学，国学修养却是超一流的，正如朱自清、闻一多，在中文系教中国文学，对西方文学亦极为熟稔。要不然，吴宓怎么又能担任中国国学最高学术机构——清华国学研究院主任，还能主持中国外国语言文学最具权威的清华外文系呢？清华学派的大师们，无论从事教学还是科研，都能做到厚积而薄发，得心而应手，无往而不利。更由于会通，他们对于古今中外，就不是简单地非此即彼，有你无我，你死我活，而是取长避短，融会贯通，相得益彰，使学术臻于一个新的更高的境界。20世纪50年代，由于极"左"思潮的影响，全国高校一度停授英语，吴宓所在的西南师范学院也不例外。他无外国语言文学课可教，不得不教教育系的"世界文学"、历史系的"世界古代史"，乃至中文系的"文言文导读"。如果不是会通，能做这种"万能博士"式的"多面手"吗？

为了熔古今中外于一炉，合史论评述于一体，创造中华民族新文化，清华学派的大师们，面对当时全盘西化、中体西用等不同思潮，需要迎接各种挑战，在夹缝中奋斗。这之中吴宓首当其冲。按照习惯的说法，胡适是新文化运动的倡导者，被称为新文化派，吴宓则是这一运动的反对者。以吴宓为代表的学衡派，被视为反对派。新文化派认定学衡派是继国粹派之后的保守派，而新文化运动代表新学，反对新文化运动即反对新学。吴宓则提出新文化运动并不等同于新学。他说"今有不赞成该运动之所主张者，其人非必反对新学也"，认为"何者为新？何者为旧？此至难判定者也"，主张"凡论学应辨是非精粗，论人应辨善恶短长，论事应辨利害得失。以此类推，而不应拘泥于新旧"。他反对将进化论用于文化领域，指出人事之律与物质之律有别，"旧者不必是，新者未必非。然反是，则尤不可"。"后来者不必居上，晚出者不必胜前。"（吴宓《论新文化运动》）"灭旧立新""弃旧图新"都是不对的，他主张"存旧立新"。会通派的出现令复古派大喜，以为找到了"同道"。1924年，时任教育总长的章士钊在《甲寅》杂志上，鼓吹开历史倒车，曾表示愿以1000元（这在当时是一个可观的数目）支持吴宓主编的《学衡》，力图拉拢，被吴宓拒绝。

1934年，当尘埃落定，争论诸方比较心平气和时，吴宓有一段心曲说得好："世之誉宓毁宓者，恒指宓为儒教孔子之徒，以维持中国旧礼教为职志，不知宓所资感发及奋斗之力量，实来自西方。质言之，宓爱读《柏拉图语录》及《新约圣经》，宓看明（一）希腊哲学（二）基督教，为西洋文化之二大源泉，及西洋一切理想事业之原动力，而宓亲受教于白璧德师及穆尔先生，亦可云宓曾间接承继西洋之道统，而吸收其中心精神。宓持此所得之区区以归，故更能了解中国文化之优点与孔子之崇高中正。"（《吴宓诗集·空轩诗话》）

这就是吴宓，这就是清华学派，亦即会通派代表人物吴宓文化观之由来。

全省首富与书香门第

　　吴宓出身于陕西省泾阳县嵯峨山下的安吴堡。吴姓是大家族，是所谓的世家，分老支十余家、新支十家。吴宓家属于新支，其老一辈女主人是著名的号称全省首富的吴氏义堂"安吴寡妇"，即电视连续剧《那年花开月正圆》的女主角周莹。这位女富商，据说乐善好施。清末同治、光绪年间，每逢陕西大灾，她捐出赈济灾民款项最多，并于1895年，即光绪二十一年，受封为"一品诰命夫人"。吴宓在《吴宓自编年谱》中忆及她时曾说："庚子慈禧太后在西安，曾蒙召见，事或有之。俗传'且认为干女'，则决其非真实也。"至今关中老百姓仍流传，慈禧逃陕时，囊中羞涩，曾向安吴寡妇借钱云云。安吴堡吴寡妇墓旁，现仍有苍松翠柏环绕，石刻巨型牌坊耸立，这些树木是奉旨种植的，牌坊也是奉旨修建的，可见安吴寡妇当年的确是大富大贵。

吴宓一家都是读书人。祖父穆川公是邑庠生，候选教谕，曾任陕西华阴县学训导。生父芷敬公、嗣父仲旗公，均就读于味经书院，都是关中大儒刘古愚的弟子。吴宓曾说："咸阳刘古愚太夫子，为关中近世大儒。其学在李二曲、颜习斋之间。雄深笃健，能以至诚感人。近数十年中，吾陕知名之士，无不出其门下。吾生父芷敬公、嗣父仲旗公及陈伯澜姑丈、王幼农姨丈……皆相从受业……宓儿时曾获拜谒。"（《吴宓诗集·空轩诗话》）这里提到的李二曲是明清之际哲学家，陕西周至人，重视实学，提倡"明体适用"。颜习斋是清初思想家，河北博野人，亦注重实学，强调"习行""习动"。"太夫子"是吴宓一家对刘古愚的尊称。仲旗公清末曾任甘肃副都统，后在家乡办安吴女子学校，任校长，推行新学教育，曾集句勉励自己和儿子吴宓："好学近乎智，力行近乎仁，知耻近乎勇。富贵不能淫，贫贱不能移，威武不能屈。"对年幼的吴宓施行了全面的崇高的道德教育。吴宓的启蒙老师即仲旗公。1900年冬，吴宓年方6岁，仲旗公在沪家中，书写方字，教吴宓认识。最初每日认三字，逐渐加多，最后每日认二十四字，仍兼复习最近十天所认之字。由于"仲旗公之教法极好"，至1901年8月，十个月之中，吴宓认识了三千余字，而能诵读戏剧、小说、弹词、传奇，以及杂志、报章、广告、传单、普通教科书。这年秋天，他随祖母由上海北归途中，多在木船上、小煤油灯下，为祖母朗读小说、剧本，以消愁解闷。8岁时，嗣母雷孺人严加管教，"读了《史鉴节要便读》《唐诗别裁》等书，能背诵，成为宓文史之学的最先基础"（吴宓语）。嗣母还教以《蒙学报》，兼读《泰西新史揽要》（19世纪史）、《地球韵言》（世界地理），又翻阅每期《新民丛报》。该报系旧民主主义革命期间改良派的重要期刊，梁启超主编，介绍西方政治学说，抨击封建顽固派，对当时知识界影响颇大。特别是梁氏所作政论文，流利畅达，感情奔放，为当时许多读书人所喜爱并模仿，成为一时风尚。少年吴宓喜读梁文，晚年曾说"儿时读《新民丛报》，即于梁任公先生倾佩甚至。梁先生之行事及文章，恒大影响我之思想精神"（《吴宓诗集·空轩诗话》）。他一生用的文体是梁启超式的文言文散文，就是一大明证。

吴宓爱读诗，喜作诗，自幼即受姑丈——诗人陈涛（字伯澜）的影响。陈是陕西三原人，光绪十五年（1889年）解元，亦是刘古愚的及门弟子，后在广东为粤督幕府，尝问学于康有为。康有为在为陈的《审安斋诗集》写的序言中，称赞陈诗像杜甫、李商隐的诗，有"沉痛飞惊，歌泣缠营，哀厉幽清，悱恻芳馨"之句。吴宓从陈学诗，也最爱杜诗、李诗。吴宓最早的诗友是他表兄胡文豹（字仲侯），当时两人均肄业于三原宏道学堂。宏道为新式学校，校长为吴宓七舅胡平甫，胡为举人，留学日本，该校开设各种新式文理课程，聘日本人谢华宽功等3人为化学、博物及军体教授。吴宓入丁班，全班学生30余人，其中有秀才多名，年龄最长的30余岁，吴宓年最幼，仅13岁，身材亦最矮小，但英、算成绩列第一。课余与胡文豹办刊物《陕西杂志》，自任编辑，创作《陕西梦传奇》及叙述日俄战争的爱国小说。

古人说："知子莫若父。"（《管子·大匡》）吴宓有生父及嗣父二人，哪一位最了解他呢？细读吴宓诗词、日记、信件及文章，答案似乎是嗣父超过生父，吴宓对嗣父的亲切感或许也超过了生父。1914年6月27日日记有如下一段记叙："余自出校来，日间虽与爹（吴宓称其生父曰'爹'，称其嗣父曰'父'）少谈，而意常不合。余之德业、学问、文章，夙昔常自负稍异常人，而誓将致力用心于无埃者也。而爹则毫不过问。嗟乎，人皆欲其子之肖己，而不望其为古今国家世界之一人物。此中国教育之所以坏也。爹之所谈，其关系皆甚小，而处处不脱金钱功利之意味。'莫愁父母无黄金，天下风尘儿亦得。'哀吟此诗，热泪涔涔。爹或望其子之如此，而余不然。此后与家庭之关系当以渐疏，宁为不肖子，必为有用之人物。噫，余心苦矣！"

看来，这位"爹"的人生观与少年吴宓的人生观大相径庭。而纵观吴宓有关"父"的论述，似乎可得出另一结论，即那位"父"的人生观颇与吴宓的人生观吻合，他一反其兄对儿子的所作所为，经常过问吴宓的德业、学问、文章，而经济上又大力支持。也是同日日记，吴宓先写"爹"在他的日常用度上"久不付资"，令他大苦拮据。接着写"父"如何爱他，"昨岁，父在京，两月之间，付二百元。此生宁可得再？"于是，吴宓与"爹"那个家庭之关系"渐疏"，而与"父"那个家庭之关系则"渐密"。

嵯峨苍苍，泾水泱泱，安吴人杰地灵，造化钟毓，再加上吴家良好的教育，怎能不孕育出吴宓这样在文化上、学术上"有用之人物"呢？

博闻强识，才气卓绝

　　吴宓的博闻强记是出了名的。他以擅长讲《红楼梦》为世人所称道。听过吴宓讲《红楼梦》的人，无不为他对该书的滚瓜烂熟而惊异。不仅大量的诗词倒背如流，甚至一些章回的段落也能背出。《红楼梦》这部著作似乎已烂在他肚子里，溶化在他血液中了。

　　吴宓良好的记忆力源于两方面：一是先天的遗传，即天分。吴家是世代书香，中国几千年的传统学习方法特别强调背诵。吴宓的祖父、生父和嗣父，都是那种"口不绝吟于六艺之文，手不停披于百家之编"的人，读和背是他们学习生活的重要部分。这种遗传基因和环境气氛，不能不给少年吴宓以影响。二是后天的努力。无论国学、西学、中文还是外文，在学习过程中，吴宓都注意背诵。初进清华，吴宓的英语成绩并不好，只因多读多背，迅即赶上，跃入同学的前列。辛亥革命后，清华停办，他一度转入上海圣约翰大学，因教学时强调背诵，多年后他仍能背得出任课美籍老师Dr.Throop所教《新约·路加福音》中许多段落，并受益终身。《圣经·新约》成为他最爱读之书，并对他一生有巨大影响，后来他不无感慨地说："此时之功也。"1913年，在清华偶读商务印书馆《小说月报》3卷12号，其中一篇小说引用陈钟麟所作《红楼梦曲》（七古），集唐人诗句，综述《石头记》全书内容，凡数百言，吴宓甫经接触，即能成诵，老来仍能记住原文。他还发现："唐人之诗，多写生活。宋人之诗，多写思想。故集唐诗可述说《石头记》全书故事，若集宋诗则不能也。"（《年谱》）

吴宓十分重视自编年谱。这部年谱，如同十卷《吴宓日记》一样，是"吴宓先生数十年学术生涯、个人际遇和在学界的活动与交往情况的记录，也是20世纪中国学术史、教育史的珍贵记录"。自20世纪60年代起，吴宓即倾尽全力于编写工作。这部年谱，起于1894年（清光绪二十年），即吴宓出生之年，迄于1925年，即民国十四年，前后31年，叙述其一生经历及感想，是一本编年体自传。后这项工程受到严重破坏，手稿多次被抄走，又多次重写、补写，全凭吴宓惊人的毅力、记忆力和背诵默写能力，才能完成，给后世留下了许多宝贵的史料。这本年谱，载有吴宓童年时期的回忆和感受，清华留美预备学校的学习与生活情况，在美国留学的学习与生活情况，以至于回国后在东南大学教学、创办《学衡》杂志的丰富经历，十分翔实、生动与具体。《年谱》中提及许多人和事，这些人的姓名、别号、籍贯、出身、学校、任职单位、通讯地址，无一疏漏。他自注："多年中撰写，1970年编订成册。"我们读后，真得感激吴宓神奇的记忆力，这记忆力应该归功于他的喜读、爱背。背诵之功，功莫大焉！

吴宓不仅对自己，对所教学生也十分强调熟读成诵。北京大学英语系王岷源教授回忆1930年至1934年间，他在清华外文系受教于吴宓时，谈到吴先生讲授英诗，大力提倡背诵，特别是名篇名句，鼓励和要求学生能读会背。后来他考清华外文系研究生，以第一名录取。考英诗这一学科时，有一试题要求默写出一首有名的英诗，全文或部分，愈长愈好。他默写的是 Keats（济慈）的 *Endymion* 开头部分。从 A thing of beauty is a joy for ever 起，大概写出了三四十行，得了高分。

直到"文化大革命"前，吴宓虽然作为"白旗"被拔，不再登上讲坛，但对他心爱的学生，如周锡光，在指导学习方法上，仍要求注意背诵。他说："我在学习上主张首先是背诵。我能背诵莎士比亚的《李尔王》等全部剧文。"（周锡光《追忆吴宓教授》）

　　陈寅恪先生自1919年即与吴宓交往，唱和诗歌甚多。陈的习惯是，以诗稿示吴宓等后，不得抄存，自撕成碎片，"团而掷之"。殊不料这些诗作，吴宓皆能背诵，如《吴宓诗集》中所录陈寅恪《游威尔士雷，即赠汪君典存》一诗即是。因此，陈寅恪的一些诗，是通过吴宓的回忆写在自己的日记或著作中，才得以保存，留传至今，此实为近代中国文坛上一件奇事与佳话。吴宓之女吴学昭所著《吴宓与陈寅恪》一书中，此类事例甚多，兹不赘述。这里，我们由衷感谢吴宓这位有心人，靠着他神奇的背诵功夫与记忆能力，使一些名人（包括陈寅恪）的诗作留传下来，避免了失传或散佚。

少写"传奇"抒情志

吴宓先生出生在一个以经商和仕宦为主,并向商业资本过渡的封建家庭,从小受到良好的家庭教育和古典诗词的熏陶。他的嗣父吴仲旗同于右任等共事,是一位"博学能文、秉性刚直"的人士,这对形成吴宓为人正直、刚烈不阿、理想远大的人格有着极其重要的作用。吴宓先生在他的诗集扉页上就郑重地刻上嗣父的训语:"好学近乎智,力行近乎仁,知耻近乎勇,富贵不能淫,贫贱不能移,威武不能屈。"仲旗公希望儿子近智、行仁、知耻,具备君子人格,又具有不畏一切、威武不屈的大丈夫气概,这对吴宓从小立大志、关心社会、培养自己超卓的品质作用极大。

如果说仲旗公给予吴宓的是思想精髓,那么他的姑丈陈伯澜则是给吴宓幼小心田播下诗歌种子的第一人。吴宓曾说："予少学诗于三原陈伯澜姑丈。"陈伯澜是一位国学素养精深、能文会诗的先生，他思想开明，吴宓称他是"前辈中最新之人"。他教吴宓学习杜工部、李义山、吴梅村诗，使吴宓从小打下了坚实的古典诗词的基础，是他把吴宓引入了中国古典诗词的艺术殿堂。1908 年，14 岁的吴宓所作的《思游》一诗，已显露出他的超卓诗才：

> 探胜寻奇志四方，四旋斗室愿难偿。
> 七龄愚昧全辜负，沪上南游一载长。

　　1909 年，对前途充满理想、为表达自己报国之志的英豪少年吴宓，与三原表兄胡文豹等创办《陕西杂志》，由西安公益书局印刷发行，稿成三期，因经费不足只出版了一期，但可以看出青年人那颗骚动的心。

　　1910 年，可以说是吴宓人生中很重要的一年，这一年他抱着学习西方、振兴中华的宗旨，到西安参加清政府用美国退还的"庚子赔款"设立"游美肄业馆"在陕西的考试，结果以优异成绩考取"留美第二格学生"。此时的少年吴宓是多么自信、兴奋。为了表达自己的这一大志，暑假期间，吴宓创作了他第一部戏剧作品《陕西梦传奇》，可惜这出戏仅写出了第一出《梦扰》，写一位青巾儒服的小生，自称"俺乃泾阳吴生是也"，因"国事日非，危机渐启。我陕西虽地处僻隅，亦难号称太平。碧天阴霾，惊俄鹫之欲下；黑醅醉梦，哀秦廷之无人。是俺去岁七月，曾与潜龙诸君，组织《陕西杂志》。欲凭文字，开通民智；敢借报纸，警醒醉心。"可是由于缺乏人才，又缺少资金，《陕西杂志》仅出一期便告夭折，"说来煞是伤心"，从而引起吴生的悲叹。传奇开头用《声声慢》："半床斜月，几阵微风，倚枕总是无眠。睡意才侵，梦魂早入邯郸。依然招我旧友，再续结杂志因缘。犹记得，案头挥毫处，文字连篇。又见印刷发售，把佳作名论，广布流传。那堪南柯乍醒，被横枕残。始知半夜经营，都在缥缈虚无间。仍是皎皎明光，影照窗前。"抒发他当时壮志难酬的情怀。

显然，《陕西梦传奇》的主人公吴生正是吴宓自己，戏剧所细腻刻画的也正是他办《陕西杂志》的过程及停刊的痛苦心情，表现出胸怀壮志，才华出众，但因经济拮据，难以使刊物继续办下去，不能使"佳作名论，广布流传"的痛苦心情，这正表现出当时有责任心的知识分子壮志难酬的心境，在当时颇有现实意义。

从文学艺术的角度看，尽管该戏仅有一出，但也表现出青年吴宓扎实的古典文学的功底，戏剧没有冲突性的人物，可以说是一出独角戏，由吴生一人表演，实际上是表现吴生内在的报国救民思想和外在的难以实现的矛盾：

杂思萦愁曲，展卷向案端。那厢精帙巨册，忽映我眼帘。这是《陕西》旧稿，曾费几多心血，经营臻完全。泪痕湿锦字，墨花舞素笺。（到今日啊！）事业空，岁月度，故纸残。寸衷明镜，何处常来一念牵。人有成功失败，事有破灭建设，强必古所难。勿堕十年志，且扬万里鞭。

（《水调歌头》）

这段唱曲，将吴生的内心世界充分展示出来，忆事、写景、抒情融为一体。特别是最后两句表现出他面对困难不甘沉沦的坚强斗志。

《陕西梦传奇》在文字上也有特色，遣词造句，富有文采，既活泼灵秀，又对仗严整，"用事引曲丰富准确，韵律平仄颇谐规矩"。（马家骏语）很难想象它出自一位 17 岁的少年之手，可见他古典诗文的素养深厚与文学才华的超然卓立。

1913 年，年仅 19 岁的吴宓创作了他第二部传奇戏剧《沧桑艳传奇》，这部戏取材于美国诗人亨利·华兹华斯·朗费罗的长诗《伊凡吉琳》。这首诗主要讲述了一个动人的爱情悲剧故事。主人公伊凡吉琳是加拿大东南部阿卡迪奥地区的一位漂亮少女，这个地区原为法国殖民地，1713 年法国被英国打败，此地遂割让给英国，但村民不服。1755 年 9

月 4 日夜，英国统帅温斯洛以"人民暗附法国"为由，包围全村，就在伊凡吉琳即将和她的恋人嘉布里尔结婚时，英国军队以莫须有的罪名收缴了阿卡迪奥村民的全部家产，并勒令他们全都迁徙到遥远的地方。戏剧以此为背景，描写这对即将合欢的新人不幸走失，生离死别。伊凡吉琳忠于爱情，她历尽千辛万苦，跑遍天涯海角去寻找嘉布里尔，后来她终于在一个医院里找到了自己的丈夫，此时嘉布里尔已是一位两鬓斑白、濒于死亡的憔悴老人。这个悲剧故事同辛亥革命前动荡的中国，人民生灵涂炭的情形极为相似，这正是吴宓由此所产生强烈共鸣的原因。

在《沧桑艳传奇》开篇，吴宓写了很长的一个序言，可以说是他对《伊凡吉琳》的总评价。他说他喜欢《伊凡吉琳》主要基于对主人公遭遇的同情：

> 《沧桑艳传奇》之用意，非欲传艳情，而特著沧桑陵谷之感慨也。夫人生于安乐，而死于忧患，此其遇可悯也。飘泊终身，不得所偶，此其志可悲也。誓指皦日，抱恨终天，此其节可伤也。为情而生，为情而死。堕泪成血，望夫化石。三生魂断，千载神伤，此其事与迹，尤可痛也。若是者，此篇咸具之。而其可悯可悲可伤可痛者，则尚未至其极。其极云何？曰，沧桑陵谷之感而已。人生何不幸，乃至国破家亡，宗

庙为夷，社稷为墟，田庐室墓，付之灰烬。父母戚族，流亡转徙，不知其所。己身亦遭放逐，飘泊终身，含辛茹苦，茫茫大地，无可托足……若此篇所叙，则以茕茕弱女，子然孤身，而当此最愁惨绝望之境，使其身历种种。而人间无家无国之景象，亦将借彼而显。斯岂非情之至悲惨者，而谓其无可传之价值哉！

吴宓又把《伊凡吉琳》与《桃花扇》作比较："此（《伊凡吉琳》）缠绵之情，丽以哀艳之辞，以传其事，而兼写阿卡迪奥村遗民之奇痛。此与《桃花扇》同其用意，同其结构，故亦蔚为雄文。其足以动人者，盖有由矣。"吴宓认为《桃花扇》"借离合之情，写兴亡之感"，以明末复社文人侯方域与秦淮名妓李香君的爱情悲剧，引发人们对明亡历史的深思，这正是《桃花扇》伟大之处。而《伊凡吉琳》恰恰也具有这一功能，所以吴宓对其大加赞赏，认为《伊凡吉琳》"其构思，其用笔，其遣词，胥与我有天然符合之处……夫是篇以其体例论，有起有结。文区二部，部为五章，固与我国传奇之体，无稍出入。至以其文论，尤属高尚其意，曲折其笔，瑰玮其词。即在我国，亦难多得"。

《沧桑艳传奇》原本打算写十二出，可惜只写了四出，《传概》按照原诗序写成，但吴宓又根据自己意思加以增删。戏剧一开场，副末扮演亨利长卿上场唱道："苍莽松林千年老，败叶残蛩，满地鸣愁恼。陵谷劫残人不到，高山流水哭昏晓。商妇弦绝伶工杳，片羽只鳞，旧事传来少。今我重临蓬莱岛，原野凄迷空秋草。"开场诗渲染气氛，情景交融，然后亨利长卿自报家门，按照传奇的写法，《传概》概括全剧梗概，铺陈全剧情调，吴宓按照中国民族情调、艺术形式恰到好处地将朗费罗的浪漫情调表达了出来。

第一出《禊游》由原诗第一章写景改成，写男女主人公郊游相遇，产生恋情；第二出《缔姻》写双方父母给儿女订婚；第三出《寺警》补叙英军侵入，阿克地村被抄封。尽管吴宓仅写了四出，未将《伊凡吉琳》改译完，但仍显示出他超人的戏剧才华，表现出青年吴宓远大的政治理想和精神境界。

吴宓留下的两部传奇作品，尽管是"缺篇"，但就这几出戏仍然可以看出，青年吴宓关注社会，作品善于反映民族、时代精神，这点正是中华优秀传统文化对他的影响，铸造了他独立的个性。

从艺术上讲，他的传奇作品尽管是他青少年时的习作，但可以看出他国学底子的深厚，古典诗词的功力，尤其是他改译的《沧桑艳传奇》更是备受人们的赞同。朗费罗是美国 19 世纪浪漫派大师，他的诗语言精美，知识丰富，英语功底一般的人很难读懂，吴宓能把它改译成我国明清盛行的戏剧形式——传奇，足见其英语、中文的水平。正如程麻先生所说："当时能直接阅读外国文学作品者寥若晨星，人们对外国文学所知甚少，于此更可见吴宓的不同凡响，当时人们大都热衷于林纾的翻译小说，读外国作品以猎奇、消遣者为多，肯如此品味咀嚼，并能与中国古典文学名著比较，不仅赖于见识卓特，而且有赖于一定的文学功力。"（《第二届吴宓学术讨论会论文选集》）

园中"瑞芝"，熠熠生辉

　　"瑞芝"意为祥瑞的灵芝。与吴宓同入清华的少年闻一多在长诗《园内》中写道："好了！新生命胎动了，寂寥的（清华）园内生了瑞芝……"1910年，清华在各省招收学生468名，其中五分之一为中等科，其余为高等科。那年吴宓（原名吴陀曼）以第三名毕业于三原宏道学堂预科，听说北京外务部游美学务处招考"游美第二格"学生，于是决定投考。报名时，得知"年龄最大限15岁"，而宏道册籍上的"吴陀曼"，填的是"年17岁"，非改名不可。吴宓取随身所带的《康熙字典》，闭上眼睛，翻开某一页，手指一字，刚好为"宓"，遂改名为"吴宓"，填报名单为"吴宓，泾阳人，15岁"。从此，"吴宓"这个名字就和他永远地连在一起，不论是顺境，还是逆境，是光荣，还是耻辱，都由"吴宓"担当了。闻一多欢呼的"瑞芝"——新入学的 468 名同学，其中就有吴宓。

一到北京，吴宓就剪去了象征着忠于清王朝的辫子，这在当时应该说是很"革命"、很"进步"的行动。作为地处西北相当闭塞的陕西学生，吴宓深感自己"英文程度太浅"，入清华后的分班考试"只得以汉文应试"。英文名列 2b，极为低微，"乃上课数日，终朝温理课本，殊觉费力"。于是"每日英文又加授《英文写信必读》三课"，"与英文教员商定，每礼拜日练习英文作文一篇"。吴宓虽用最大努力追赶，仍觉紧张。"今日上午四堂，皆系外国教员直接讲授。余素未习此，听聆颇难，又虑教员问及余，余误会其意，或欲有所答，言不能宣意；以是心恒惴惴、颠倒数小时，使人儿如痴如醉……非身历者不能道之。"（1911年 8 月 25 日日记）同级向、孙二君等倡议设立英文会，其宗旨专为练习口语，同学皆赞成，都入会为会员。"余英文程度本极低微，不能足用，将来开会时演说一切必大为难，惟就此切磋自得进步，亦未始非无益之举也。"（1911 年 9月 22 日日记）接着英文会定名为"第四年级英文文学演说会"，每星期日下午 1 时至 2 时开会。又议定：会员与会员，无论何时何地，必须用英语对话，不得说中国话，违犯者罚银圆一角。演说按学号排定先后次序。第一次，刘君朴演说 *The Life Story of Peter the Great*（《彼得大帝之身世》），

吴君曾愈演说 *To Maintain Students Public Expenses*（《维护学生公费》），缪君穆演说 *The West Lake*（《西湖》）。演说后，会员投票选出最佳者，结果吴曾愈被选上。接着有第二次、第三次演说会，到第四次轮到吴宓。这第四次会上，首先是张君篑甫演说 *Students' Economy*（《学生经济》），其次是向君哲濬演说 *The Condition of Soldiers in Future*（《未来士兵状况》），再次是吴宓演说 *How to Make Our Future Life*（《如何创造我们未来之生活》），最后是朱君丙炎演说 *Our Sentiment of Friends*（《我们对朋友的感情》）。投票时，吴宓出乎意料得了 11 票，而朱君、向君分别为 5 票、4 票，实在令人喜出望外。由此可见，这一时期，为学好英文，吴宓做出了多么大的努力。

吴宓当时所追求的目标是："（一）渊博之学问；（二）深邃之思想；（三）卓越之识见；（四）奇特之志节。"（《由个人经验评清华教育之得失》，载《清华周刊·十五周年纪念号》）他主张："人之一生，总当作成诗集一册，小说一部，一以存主观之感情，一以记其客观之阅历。"在校 6 年，吴宓担任过 1914 年《清华学报》的编辑、1915 年—1916 年《清华周刊》的编辑（一度任代理总编辑）、1913 年"文联顾问团"成员。因此，吴宓的诗文写作获得丰硕成果。仅诗词一项即得 130 余题，不下 200 首，且立意高雅，题材广泛，视野广阔，后均收入自编的《吴宓诗集》，命名为《清华集》，分上下两卷，"主观之感情"得以保存。"客观之阅历"又如何呢？1910年，吴宓在陕西时曾以传奇形式创作自传体小说《陕西梦传奇》。1913年，又以传奇形式译写《沧桑艳传奇》。《沧桑艳传奇》为美国著名诗人朗费罗的长篇叙事诗《伊凡吉琳》（*Evangeline*）之改作，含有吴宓早年的重要思想与观念。原诗描写阿卡迪奥的一个和平村庄遭殖民者焚毁，少女伊凡吉琳及其未婚夫被迫离开家乡，流落失散，经过辗转寻觅，终于在濒死时团聚。吴宓由此联想到我国古典文学名著《桃花扇》。他说："昔在我国有明之亡，其可愤可悲可泣可歌之事，无虑百千数。而孔云亭独取香君侯生事，借此为题，以亡国之哀音，写沧桑之痛泪。其书情文兼胜，故独为世所赏，谓为从来传奇中最上之作。而余则谓此篇（《伊凡吉琳》）所传之事，实有同是。"（《沧桑艳传奇·叙言》）

吴宓这株瑞芝，在清华园这片沃土上，兼以阳光照射，雨露滋润，得以茁壮成长。后来，他在一篇文章中，曾满怀深情地说："吾昔在清华肄业凡六七载，如有寸得，皆清华所赐。"（《由个人经验评清华教育之得失》）这的确是肺腑之言。

"清华一支笔"

　　1911 年，17 岁的吴宓步入了清华园，开始了他的求学生涯。对于一个来自西北偏远地区的学生而言，能进入清华是多么的荣耀。吴宓非常兴奋，下决心要刻苦学习，认真读书，以报效祖国、家人的养育之情。

　　清华学堂是清政府用美国退还的"庚子赔款"在北京设立的"游美肄业馆"，它从全国各地选拔优秀学童，可以说，能进入清华学堂的都是各地的佼佼者，如吴宓的同学梅光迪、汤用彤、刘永济、刘朴、吴芳吉等后来都成为著名的学者专家。他们做出了很多具有创造性的事情。例如，当时的清华学生课外组织非常活跃，各种竞赛、联谊活动频繁，吴宓所在的中等科四年级（1916级，亦称丙辰级）又是全校人才最多、思想最活跃的年级。第一个学生社团

"中四英文文学讨论会"（Fourth - Year English Literary and Debating Society）就在他们年级诞生，很快，它就向全科扩展，改名为"益智学会"（Useful Knowledge Society），从主席以下各种主要干部都是他的同学。他们又创办了全校第一份刊物《中等科评论》，后改名为《益智报》，总编辑由他的丙辰级同学担任。之后，"益智学会"又向全校扩展，改组成"达德学会"。在清华的校史上，它是第一个全校性的组织，他们的活动成绩非常突出。接着，丙辰级的学生活动进入辉煌时代，等他们到了高三级时又办了三个全校性刊物:《清华周刊》《清华学报》和《清华年报》。六年的清华生活，吴宓觉得非常充实，用他的话来说，他是"办实事"，完成"课外作业"。吴宓除担任班长、室长外，还曾担任过《清华学报》的编辑。繁忙的编辑事务并没有影响他的学习，反而使他创作热情勃发。在清华六年，他是班里的"秀才"，校园最著名的"专栏作家"之一，也是清华园里的"一支笔"。他从小受过良好的家庭教育，打下了扎实的文学功底，进入清华"如鱼得水，写作更加勤奋，在名师的指导下，文才大进，诗词就写了200余首"。这些诗题材广泛，视野广阔，情趣高雅，表现出年轻诗人卓绝的才气和对社会关注的责任感。尽管诗的内容较杂，有些篇章显得稚嫩，但却真诚地表现出他在这一时期的真实心境。如他在《吴宓诗集·清华集上》序中说:

夫诗词文章，时时习为之，可以涵养性灵，可以发抒情感，又可寄托高尚之思想，壮美之精神。

因此，不管是写景、咏史，还是针砭时弊，无不表现出诗人的真情实感，如《晨发临潼》：

> 鸡声驿馆梦日早，曙色熹微日出初。
> 一片青山送客子，三边云盖护征车。
> 骊宫峰冷晓寒重，野店霜严人迹疏。
> 夹道依依杨柳岸，长安西望意何居。

诗人抒发经过临潼时由眼中景色引发的感慨，诗句清新，表现出年轻诗人深厚的古诗功力。再如《太华》《潼关》《洛阳度岁》《钜鹿怀古》等描写了他从陕西进北京一路所见引发的情感。

吴宓说自己"所见、所闻、所感、所思、所行、所受"，尽可入诗。进入清华后，吴宓不但诗作倍出，而且对诗的理解更加深刻，如他写的《论诗绝句》就很有见解：

（一）

风雅原从至性生，美人香草尽闲情。

杜陵忠爱谁能似？千古争传诗史名。

（二）

老气横秋未易参，低徊余子顾停骖。

咸阳戍士何为泣？胜概终输陆剑南。

（三）

谁按宣城步盛唐，毫端剑气裹珠光。

蓬莱缥缈非人世，难与凡夫道短长。

（四）

玉豀才调本殊伦，刚健装成婀娜身。

一自西崑竞酬唱，雕虫未免误诗人。

这组诗颇像杜甫的《戏为六绝句》，诗人品评诗人，很有独到之处。

除了诗歌，此时最令清华学堂同学佩服的是吴宓在《清华周刊》上发表了大量文章，这些文章思想敏锐，表现出一位富有责任感的青年对社会问题关注的热望。如1915年夏，他为《清华周刊》第一次临时增刊所撰写的"引言"，他结合当时教育界存在的弊端，谈论教育的功绩和清华学校应肩负的历史使命：

教育之功，成德达材之事，不綦难哉！无精神无系统，不足以语于是；毁瓦画墁，不能为良工。为山止篑，不能称完事，教育之成绩，必表里精粗无不到，身心体用无不明。综明核实，贯始彻终，乃有一日之长可言，得寸乃思进尺，持盈以当保素，鉴往追来，求树风声，而淑世俗，其亦艰巨之极者已！

接着他述说了我国教育存在的诸多弊端：

我国之有学校，十余年来事耳。戊戌以后，百事草创，规模不具，厥后形式略备，而实是益缺。办学者藉毕业以求保案。学生则诵讲义以博分数。无师生之感情，无学问之希冀。其上者亦只能以文字美术之成绩取声誉于一时，所谓系统精神，遍中国不数觏也。至于前此，留学异邦者，或以不谙本国情势，或以未深汉文基础，纵饱西学，而不适用，甚至归来图博升斗，以学问为干禄之具。

然后他告诫清华学子们：

而清华学校，以当事诸公坚卓辛勤，筹画多方，独于风雨如晦之中，为有开必先之举，自民国元年四月始业，迄今三载，益求扩张，逐渐进步，毋骄毋缩，毋饰毋惰，学以为己，非以为人。而国内外声誉渐起，所谓新教育之系统与精神者，清华其庶几乎！

由此文即可看出吴宓对教育的关心，他一生从教，正是源于对祖国教育事业的热忱。这些思想可以说是清华园孕育的。1925年，他正式应聘到清华大学任教，此时便是他实现教育理想的大好时机。1926年，他代理外文系主任，负责拟定办系方针和课程计划，他强调让学生多读书，做中西会通的"博雅之士"，他制定的"办系总则"为：

（一）本系课程编制之目的为使学生：（甲）成为博雅之士；（乙）了解西洋文明之精神；（丙）熟读西方文学之名著，谙悉西方思想之潮流，因而在国内教授英、德、法各国语言文学，足以胜任愉快；（丁）创造今世之中国文学；（戊）会通东西之精神思想，而互为介绍传布。

吴宓要求外文系学生学习一定要中西贯通，力争成为学者，既可学习西方文学，又可创作当代中国文学佳作，更重要的是为文养神，培养自己高尚的情操。正由于他制定的这一立意甚高的教学总则，清华外文系为社会培养出一大批如钱钟书、季羡林这样的学贯中西的大学者。

1935年夏，吴宓第三次任系代主任，他把这些思想系统化，在《清华周刊·向导专号》上写了《外国语文系概况》一文，进一步详细阐述了他的办系思想。他认为"语言文字与文学，二者互相为用，不可偏废。盖非语言文字深具根底，何能通解文学而不陷于浮光掠影？又非文学富于涵泳，则职为舌人亦粗俚而难达意，身任教员常空疏而乏教材。故本系编订课程，于语言文字及文学，二者并重"。

在谈到教学方法时，吴宓说："注重熟练及勤习，读书、谈话、作文并重，使所学确能实用，足应世需。"他特别强调加强学生习作的重要性。

关于外文系的课程编制，他认为：

> 力求充实，又求经济，故所定必修之科目特多，选修者极少。盖先取西洋文学之全体，学生所必读之文学书籍及所应具之文字学知识，故合于一处，然后划分之，而配布于4年各学程中。故各学程皆互相关连，而通体成一完备之组织，既少重复，亦无遗漏。更语其详：则先之以第二年之西洋文学史，使学生识其全部之大纲，然后将西洋文字之全体，纵分为五时代，分期详细研究，即（1）古代希腊、罗马，（2）中

世，（3）文艺复兴，（4）18世纪，（5）19世纪，更加以（6）现代文学，分配于3年中。又横分之，为五种文体，分体详细研究，而每一体中又择定一家或数家之作品读细讲细，以示模范，亦分配于3年中，即（1）小说、近代小说，（2）诗——英国浪漫诗人，（3）戏剧、近代戏剧及莎士比亚，（4）散文——第二年级、第三年级英文材料以散文为主，（5）文学批评。此其区分之大概，复先之以全校必修之西洋史及本系必修之西洋哲学等，翼之以第三年之文字学及第四年英文（英文文法之史研究）等。翼之以每年临时增设之研究科目，如西洋美术，但丁翻译术等，可云大体完备。总之，本系学生虽似缺乏选择之自由，而实无选择之需要。因课程编制之始，已顾及全体。比之多列名目，虚张旗帜，或则章程学科林立，而终未开班，或则学生选修难因而取此失彼者，似差胜一筹也。

吴宓对外文专业设置的这个课程表，直到今天仍然对我国外语教学及外语专业课程设置有很大的裨益。新中国成立后，我国教育尤其是外语教育存在着严重的缺陷，学生的阅读面太窄，而且大多数学校仅仅停留在语言文字教学的层面上，普遍轻视精美语言文学的教学，致使学生知识面窄，文学鉴赏水平差。更甚的是外语专业的学生普遍中国文学根

基浅，很难成为吴宓所说的"博雅之士"，能"创造今世
之中国文学，会通东西之精神、思想，而互为介绍传布"。
这篇文章，可以说是吴宓教育思想的精粹。

在清华上学期间，吴宓最重要、最优秀的作品是他在
《清华周刊》（第48期—第72期）连载的诗艺文论《余生
随笔》。这组文艺短论涉及面广，语言精练，对于一个20
岁的青年而言，实属难能可贵。文章显现出他具有扎实的古
典文学功底、广阔的视野和深邃的思维。从这些文章可以看
出他对诗歌有自己独特的理解，并形成了自己的文艺观。后
来，吴宓从中选了34则编入《吴宓诗集》的卷末。

予意文章虽为末技，然非有极大抱负，以淑世立
人，物与民胞为职志者，作之必不能工。故学一人之
诗，必先学其人格，学其志向，则诗成乃光芒万丈。
诗不以人废，而人且借诗以传。如荆公本经济家，初
仅以诗文为余兴，然诗中往往见其胸抱之伟，足为后
生法。以此旨读诗，则虽雕虫末技，亦可免于玩物丧
志之讥乎……

（《吴宓诗集·卷末·余生随笔一》）

凡百文学，皆循进化变迁之轨辙。即诗之一道，
欲其工切，必与其时代之国势民情，诸方呼应乃可。

故居今日作诗，非洞明世界大势，及中国近数十年来
之掌故，而以新理想、新事物熔铸于旧风格，则徒见
心劳日拙而已，又尝论之，世界巨变，均多年酝酿而
成，无起因于一朝一夕者。即如欧洲中世末造，文艺
复兴，名系复古，实则维新。试以此例之中国，维新
改革，则亦岂二三十年间事，新机之发动久矣。盖自
清中叶以还，士夫言论文章，已渐多新思潮之表见。
余所见最著者两人，一为龚定庵，一即赵瓯北。

（《赵瓯北诗》）

诗人异乎学者，不为专门考据之学。但非记诵精
详、博学多闻，则其诗必空疏而乏材料，情志亦无所
寄托，无由表现。又诗以文字构成。诗人乃以技术运
用文字，而发生感人之魔力者，故诗人不可不精通文
字训诂，由是，于诗于文欲略有造诣，必精小学。此
不易之理。

（《吴宓诗集·卷末·余生随笔十》）

莎士比亚谓疯人、情人、诗人，乃一而三，三而
一者也。中西古今世俗，莫不以诗人为狂人，讥嘲备
至。一作诗人，几有为亲厚者所痛之情形。虽然，诗
人岂真狂耶？间尝论之，浊世之人，以不狂为狂。盖

叔季浇末，人趋功利，奢靡成风，诈术相尚。士或厕身其间，硁然惟道义风节为务，孤洁自赏，未能同乎流俗，合乎污世，则众竞以狂目之。又或值国家多难，政刑堕废，江河日下。忧危心切，侃爽陈词，激愤著书，言人所不敢言，则众亦竞以狂目之。然其人岂遂狂哉？孔子谓狂者有所进取，犹愈夫狷。夫使一国之人，而皆醉生梦死，衣食而外无他求，逸乐之外无他事。其有不专于是者，则讥为狂夫。如是，则狂者更不得不狂。而其自誉为不狂者，吾见其殆已！古如屈原贾生，狂之最著者。次如杜少陵之伤世，陆剑南之忧时，狂也。唐衢善哭，陆云善笑，狂也。明徐文长以诸生而狂，得文豪为之作传，则其狂亦显。

然西方之狂者尤众。约翰生自谓其一生皆狂。致狂之由，则贫也，病也，学术禀赋也。

（《吴宓诗集·卷末·余生随笔十一》）

夫诗非有真性情、真怀抱者不能作。而以多读书，为储材植本之图。然诗词文章，均与一时之国势民情、政教风俗，息息相通。如影随形，如镜鉴物。苟舍社会，去生涯，而言诗，则无论若何之雕琢刻饰，搜奇书，用僻典，皆不得谓之诗。此古今不易之理，亦东西文学公认之言。昔人推尊诗史，亦以其善传时代之事物与其精神。而前辈教作诗，力戒拟古人某题。盖时易世变，纵得形似，已不免味同嚼蜡，殊何取焉？故居今日，而暗于社会情形、世界大势，或不熟悉数十年来国闻掌故者，即有别才，亦难进于诗。然诗意与理贵新，而格律韵藻则不可不旧。晚近诗界革新，而粗浅油滑之调遂成。是如治馔，肥脂腻塞，固不适口；纯灌白汤，亦索然寡味，则精炼尚矣。

（《吴宓诗集·卷末·余生随笔二十一》）

由以上摘录文章可以看出，清华求学时的吴宓已经初步形成了他的诗歌理论，他强调诗的社会功能，认为诗人必须有极强的社会责任感，关注时事，具有强烈的爱国心。由此，他在很多篇目中表现出对杜甫的热爱正是基于杜甫的爱国思想，善于为民诉苦。诸如此类，都是一个青年学子内心世界真实的袒露。其次，《余生随笔》所涉及的诗人极多，表现出吴宓广博的知识，古今中外，熔为一炉，这已初步形成了他后来从中西比较的角度探讨诗学问题的方法，对于一个年仅二十的青年来说，有如此的学术功力真可谓奇才，难怪他的这组文章为清华同学赏识，他被称为"清华一支笔"当之无愧。再次，《余生随笔》的行文形式是断想式、随感式，这既继承了我国古代诗论的风格，又具有开发新智的特点，这种文体到了作者的《空轩诗话》臻于成熟。如果我们细心阅读钱钟书的代表作《管锥编》，就会发现其行文风格不无吴宓这种随感式文风影响的痕迹。

清华读书时代，对于吴宓来说是非常重要的时期。他在此饱读群书，形成自己的学术思想、治学方法，正如他自己后来总结说："一身所有所成，谋生之资力，学问之修养，莫不由清华所施与。"(《清华暑期周刊》1935 年第 3 期、第 4 期）可见吴宓对母校的感念之情。清华给予了吴宓丰富的知识，《余生随笔》正是这些知识结出的小小果实。吴宓这种读书与习作相结合的为学方法至今仍是我们教育大学生的极佳的方法，尤其是文科学生。

"掩卷吾心足，开卷吾乃忧"

　　吴宓喜欢读书，更喜欢摘录名言警句，一方面是为了积累资料，另一方面在先贤的精神中亦得到一种鼓励。在《余生随笔》里，他专门抄录了清代"性灵说"大诗人袁枚的几首关于读书的诗，足见他对这些诗的喜欢。他说："平日为学，惟苦读书过少，而读书常苦无时。迨年略长，佳书充满吾前。益以西文典籍，分门别类，浩瀚数倍往昔，乃更穷于因应。同人嗜学者，当悉此中艰难。昔读袁子才诗，见其论读书诸诗，喜其意之有合，辄录出之。"诗云：

　　　　掩卷吾心足，开卷吾乃忧。
　　　　卷长白日短，如蚁观山邱。
　　　　秉烛达夜旦，读十记一不？

更愁千载后，书多将何休？
吾欲为神仙，向天乞春秋。
不愿玉液餐，不愿蓬莱游。
人间有字处，读尽吾所求。

见书如见色，未见心已动。
只恐横陈多，后庭旷者众。
所以某日观，手目识其脑。
能着几緉屐，此意亦苦恼。

一日不读书，如作负心事。
一书读未竟，如闻大军至。
妻子咸我嗤，名传亦难恃。
何如萧梁恭，歌舞日欢喜。
余喋不能答，推书行复起。
似乎未死前，我法当如是。
有所为而然，俱真非好耳。
书堆至万卷，岂无三千斤。
如何藏之腹，重与凡人均。
我见书中人，与今不相似。
我醉还问书，毕竟何人是。

这三首诗，表现出袁枚注重抒发性灵、独立不羁的个性，他甘愿与书为伴，既不愿追求"玉液餐"的豪富生活，也不愿"蓬莱游"，只求读尽人间有字处。吴宓从这些诗中找到了精神上的知音，他"喜其意之有合"，足见他自觉追踪先贤的品行。抄录此诗时他正在清华读书，可见，他已将自己的毕生兴趣与读书联结在一起，其后几十年光阴，他正是在这样"掩卷吾心足，开卷吾乃忧""秉烛达夜旦，读十记一不"中度过。

不久，他也用"读书"为题，写了一首诗，抒发读书的苦乐之情：

> 检点芸编乐意舒，此中风趣胜华胥。
> 可能边腹储经史，忍使曹仓贮蠹鱼？
> 对久青灯心识味，披残黄卷意常虚。
> 劳劳终岁知何事？三百余朝尽读书。

优生特优，"劣生"不劣

　　读十卷本《吴宓日记》，似有一条红线贯串其中，这就是对学生无比深厚的爱。爱学生，付出自己毕生心力，促使他们尽快成长，成为国家有用的人才。这便是吴宓最大的心愿。

　　在吴宓先生所有的学生中，有一人他倾注的心血最多。这人便是当今享誉海内外的大师级学者钱钟书。钱先生是1933年清华大学外文系毕业生，他的学弟、挚友、厦门大学教授、原中文系系主任郑朝宗，比他晚3年毕业。据郑朝宗后来回忆：

　　　　已经是将近半个世纪以前的事了。一天，吴宓教授和几位青年学生在清华园的藤影荷声馆里促膝谈心，兴趣正浓，吴先生忽发感慨说："自古人才难得，出类拔萃、卓尔不群的人才尤其不易得。当今文史方面的杰出人才，在老一辈中要推陈寅恪先生，在年轻一辈中要推钱钟书，他们都是人中之龙，其余如你我，不过尔尔！"

（《但开风气不为师》）

那时，吴宓、陈寅恪都已是清华园蜚声国内外的名教授，钱钟书不过是二十几岁在学的小青年，吴宓竟然等量齐观，甚至说自己"不过尔尔"，可见在他心目中，对这位高足，评价有多么的高。而钱钟书果然不负老师的期望，经过此后几十年的磨炼，他的学问渊博，思想深邃，识见卓越，志节奇特，研治成一家之学，活着的时候，即有《钱钟书研究》问世，"钱学"即成为一门显学。吴先生虽已归道山，来不及目睹，然泉下有知，一定会为自己"慧眼识英才"而欣慰。

作为吴宓的及门弟子，钱钟书真可以说是优生特优。他博学多才，成就遍及旧体诗、散文、小说诸方面，学者小说《围城》一时洛阳纸贵，《谈艺录》《宋诗选注》《旧文四篇》取得了世所公认的造诣。特别是学术巨著《管锥编》，论述了《周易正义》《毛诗正义》《左传正义》《史记会注考证》《老子王弼注》《列子张湛注》《焦氏易林》

《楚辞洪兴祖补注》《太平广记》《全上古三代秦汉三国六朝文》，体大思精，包罗万象，汪洋浩瀚，举世无双。书中不仅有关于中国古代典籍的考释阐发，旁征博引，而且还有大量的西方文化和文学的阐释、比较，涉及的西方学者、作家多达千人，著作达一千百八十种之多，遍及美、英、法、德等西方主要国家。

优生固然大优特优，令人惊奇的是，吴先生视为"劣生"的学生不但一点不劣，成就还十分突出，在台湾甚至海外享有极高的声誉。这位学生就是《吴宓日记》卷七1939年3月26日日记中出现的"吴讷孙"。吴先生这一天这样写道："学生吴讷孙前屡无理滋闹。昨日上午，宓与张德昌散步，遇之。彼乃傲悍对宓言：'闻吴先生尚未释疑。有同学数人，将来见吴先生，证明我非抄袭。……今后上课之日方长，下学期我仍要读我喜读之书，且以其材料写入考卷，吴先生可勿再疑我也！'宓极为痛愤。以班中有如此之学生，时时作乱，精神甚苦。乃于今晨作函上外国语文系主席（笔者按：似为"任"字之误）叶公超及樊教务长，请劝告该生下学期退选宓之《欧洲文学史》；否则宓不能上课云云。访叶未遇，此函遂暂留置。"接着3月29日日记，吴宓又写道："晨9—10叶公超来，陪往本系主任室，谈吴讷孙事，决暂置不究。"可能经过了几天，吴先生气已消，到底不和学生一般见识。以后3月31日日记有"晨8—9上

'欧洲文学史'课，劣生吴讷孙未到"之语。4月1日日记有"上午10—11上'欧史'课，劣生吴讷孙在座"，可见吴先生心头仍有此痛事，吴讷孙到与未到，依旧念念不忘。此后日记中再未出现吴讷孙名字，到6月30日，日记记道："晨7—8上'欧史'课，是为本学年最后一课。"一学年平平静静过去，可见作为老师的吴宓与作为学生的吴讷孙，均已不计前嫌，复归和好！

那么，这位吴讷孙究竟是何许人呢？这卷日记第10页注：

> 吴讷孙（1919—2002），福建闽侯人。南开大学外国语文系1942年毕业，留校任助教。后赴美国留学，获耶鲁大学博士学位，主修美术史。曾任美国旧金山大学、耶鲁大学副教授、华盛顿大学教授。曾以昆明西南联合大学为背景创作长篇小说《未央歌》。

注者对《未央歌》未作一字评论。说来也巧，笔者正好有台湾亲人赠予的这本书，在此愿就书谈书，以证明"劣生不劣"看法的正确。

众所公认，《未央歌》是一本奇书。笔者手头这本是1986年的版本，出版者是台湾商务印书馆。版权页如此写道：

    "中华民国"四十八年六月美国康州且溪延陵乙园
初版
    "中华民国"七十五年四月普及三十八版

    也就是说，从 1959 年初版到 1986 年，竟然达到了 38
版，这在中华民族出版史上是十分罕见的。一本小说，短短
27 年，印刷达 38 次之多，其发行量一定十分可观。这是我
认为称得上是"奇书"的原因之一。

    称得上"奇书"的原因之二是：这部小说在台湾受到
大学生欢迎的程度令人吃惊。这里援引台湾成功大学学生、
写作协会会长林治国写给吴讷孙的信来说明。信中说：

    我们是一群疯狂地喜爱您的大学生。

    许久，许久，由高中走入大学，带着浓厚的爱，
梦着永恒的青春，我们到处捕捉生活中甜蜜的影子，
那未央歌所散布的诗篇，就是我们的祈祷。

    话剧社演出了未央歌；逛街，聊未央歌；为理
想而挣扎时，想想未央歌；坐咖啡厅，也听到未央
歌……无数的回响集中在那本绿皮的未央歌！今早，
从报上看到您回来的消息，我们兴奋得说不出话来，
我们牺牲了今早的期中考——我们如何考得下去呢？

因为我们满脑子是想着您啊！！

所以我们用颤抖的笔写了这封信，我们知道您回来生活上很忙碌，但我们仍愿祷告上帝，请您赐给我们一点宝贵的时间到台南来看我们，哪怕是一刹那的聚会，我们也能抓住您的风采，您肯答应吗？

……

我们决定从今天开始不睡觉，直等到您的回音！

……

（《未央歌·六版再致未央歌读者》）

学生喜爱《未央歌》竟然达到如此痴迷的程度：演出、逛街、闲聊、坐咖啡厅，片刻也不能离开。我们由此可想象出《未央歌》那非凡的魅力。

这魅力就是《未央歌》称得上是一本奇书的原因之三。这部小说写的是抗日战争期间昆明西南联合大学的故事。那是血与火的时代，联大办学条件极差，师生衣食住行均极艰难。由于物价飞涨，法币贬值，教授生活水平急剧下降。梅贻琦校长的夫人摆过地摊，卖过自制的"得胜饼"；教师（包括吴宓）几人住一间简陋的房子，或者一人住一斗室；闻一多靠刻图章维持一家人的生活。然而，学术风气却空前浓厚，弦歌之声不绝，教师循循善诱地教，学生孜孜以求地学。一些学术名著如汤用彤的《汉魏两晋南北朝佛教史》、冯友兰的《新理学》、钱穆的《国史大纲》均成书于这一时期，甚至还培养出日后获诺贝尔奖的杨振宁等人。《未央歌》反映的就是全面抗战时期联大师生的生活。书中的主要人物是那么纯洁、可爱，他们置艰难的生活于不顾，积极进取，奋力向上。全书充满了人性的真，充满了人性的善，充满了人性的美，与假丑恶完全绝缘，特别富有哲理和人情味。读这本小说，可以激发起人们崇高的思想感情。

更令人惊叹的是，这本小说完成于1945年，即吴讷孙大学毕业后几年。一个二十多岁的青年，有如此聪明才智，写出一本五六十万字的巨著，确实难能可贵。吴宓如果知道，一向爱才如命的他，喜欢都来不及，怎会误认他为"劣生"呢？以后数十年岁月，师生二人，关山阻隔，音信不通。如果吴宓得知吴讷孙在学术上和创作上的成就，特别是《未央歌》的艺术造诣，他一定会称赞道："孺子可教也。"

哈佛"三杰"与"七星"

　　20 世纪 20 年代，哈佛大学的中国留学生有五六十人，其中众所公认最杰出的为三人：吴宓、陈寅恪、汤用彤，当时在美国的中国人称之为哈佛"三杰"。

　　1918 年秋，吴宓到达波士顿，入哈佛大学后，与俞大维君相识，其叔俞恪士先生为著名诗人，素为吴宓所景仰。俞大维毕业于上海圣约翰大学，来美攻读哲学，入哈佛大学研究院不足两个月，已掌握当时哲学上最新颖的数理逻辑学，哲学以外其他课程，也学得极好，考试成绩均十分突出，不久即获哈佛大学哲学博士学位，并给予公费送往德国深造。俞大维告诉吴宓，他的姑表兄陈寅恪如何博学如何通识。吴宓了解到，陈寅恪系大诗人陈三立的公子，1890 年出生，12 岁即赴日本留学，又两度游学欧洲大陆，先居巴黎，后居柏林。回国后，陈寅恪于 1914 年至 1915 年任蔡锷将军的秘书。1919 年又来美国，入哈佛大学学习梵文。经俞大维介绍，吴宓与陈寅恪相识，经常往来，获益极多。这年吴宓在中国学生会曾作《〈红楼梦〉新谈》演讲，陈以诗一首相赠。

　　　　《〈红楼梦〉新谈》题辞
　　　等是阎浮梦里身，梦中谈梦倍酸辛。
　　　青天碧海能留命，赤县黄车更有人。
　　　世外文章归自媚，灯前啼笑已成尘。
　　　春宵絮语知何意，付与劳生一怆神。

　　吴宓得后十分喜悦，在《吴宓日记》（1919 年 3 月 26日）中写道："陈君学问渊博，识力精到，远非侪辈所能及。而又性气和爽，志行高洁，深为倾倒。新得此友，殊自得也。"在哈佛期间，吴宓交往的人中，属陈寅恪关系最为密切。吴宓在日记中又写道："陈君中西学问皆甚渊博，又识力精到，议论透彻，宓倾佩至极。古人'闻君一夕话，胜读十年书'。信非虚语。"（1919 年 4 月 25 日）
　　吴宓与汤用彤在清华留美预备学校时即是莫逆之交。他们一起论学、唱和、游玩，关系密切。特别是两人一起创作小说《崆峒片羽录》，一起组织学术团体"天人学会"。

1916 年夏，两人同时毕业于高等科，均因身体问题（吴体弱，汤沙眼）未能与其他同学一起赴美。延至 1917 年，吴宓才放洋东渡，先入弗吉尼亚大学，一年后，同为清华同学转入哈佛不久的梅光迪，劝吴宓也转学至哈佛，师从美国文学批评家泰斗、新人文主义大师白璧德（Irving Babbitt）学习比较文学。汤用彤则是 1918 年来美，头一年是在明尼苏达州 Hamline 大学，后亦转入哈佛，与吴宓同居一室多年。在哈佛，汤与陈寅恪一起，入梵文印度哲学及佛学系，师从名教授 Lanman。这样，吴、陈、汤三人，学于斯，长于斯，人品与学识出众，哈佛"三杰"之名传遍校园内外，为同学们所乐道。

吴宓在哈佛学习刻苦是出了名的。按学校规定，他请白璧德教授为学习顾问，由其指导，选修课程。1918 至 1919 学年，他选的课程为：（一）Comparative Literature（比较文学）9：Rousseau and his Influence（卢梭及其影响），白璧德讲授；（二）Comparative Literature 22：Literary Criticism Since the Sixteenth Century（近世文学批评），白璧德讲授；（三）English 29：The English Novel（英国小说）；（四）English 24：Studies in the Poets of the Romantic Period（英国浪漫诗人研究）。这一年，用吴宓的话来说："最专心致志，用功读书。校课而外，又读完白璧德老师及穆尔先生全部著作。"

由于与白璧德老师朝夕相处，亲聆教诲，吴宓极为钦敬其道德文章和人格力量。1935 年中华书局出版吴宓编辑的《吴宓诗集》，曾以一页刊登哈佛大学西华堂照片一帧，其下用中英文注明"白璧德先生讲学处"，又以一页刊登白璧德老师遗像，下面有吴宓撰写的《苏格拉底像赞》，实为白璧德像赞。他写道："天地正气，日月精魂，音容宛在，光焰长存。东圣西圣，此理此心，师表万稷，一体同尊。举世横逆，吾独辛勤，内省不疚，常视斯人。"可见在他心目中，是把白璧德与苏格拉底并列同尊的。

由于白璧德强调学文学者必须通晓哲学，"以为哲学隐而文学显，两者互相映照"，于是吴宓请俞大维讲"西洋哲学史大纲"，请汤用彤讲"印度哲学与佛教"，吴宓从中收获颇丰。

在哈佛三年，每年暑假，吴宓从不休息，而是进入哈佛暑期学校，孜孜不倦苦学。如 1919 年 7 月至 8 月，选修的课程是 History S12 : History of England from 1688 to the Present Time（英国近世史）。8 月至 9 月，选修一门课程：History S14 : History of France since 1498（法国近世史）。1920 年暑假，读完《柏拉图对话录》（*The Dialogues of Plato*）4 大册，37 篇，均有笔记。之后进入哈佛暑期学校，选修一门课程：History S4 : Greek and Roman History from the First Expansion of Greece to the Breaking up the Roman Empire

［希腊、罗马史（自希腊第一次扩张至罗马王朝的瓦解）］。

汤用彤在北京顺天学校时，曾与同学梁漱溟同读印度哲学及佛教经典。入哈佛后，他与陈寅恪一起随 Lanman 教授学梵文与巴利文，钻研既广且深，又切磋琢磨，成为中国此项学问数一数二的人物。

陈寅恪爱读书又爱买书，主张"大购、多购、全购"。初入哈佛，想学世界史，于是买了剑桥大学出版的《剑桥近世史》十多册，又购《剑桥古代史》《剑桥中古史》十多册，成为完整的一套。过去吴宓只买回国后讲授某门课程需要的书，听从陈寅恪的劝告，购买了一部 H. H. Furness 所编的《莎士比亚全集》（各家注释汇编本），共 19 册。从此，吴宓也喜欢购书，也劝人多购。

自 1919 年 9 月，汤用彤与吴宓移居哈佛大学校园内学生宿舍 Weld Hall 51 室，直至 1921 年回国，再未搬家。两人朝夕相处，情同手足。

在诗歌创作方面，吴宓也听从陈寅恪的指导。陈为他评改新作，兼有唱和。如果说吴宓少年时学诗得益于姑丈诗人陈伯澜，青年时学诗受益于清华国学研究院特别班老师姚茫父、饶麓樵，那么，成年后学诗则倚仗陈寅恪。在《空轩诗话》中，吴宓曾说："寅恪虽系吾友而实吾师。即于诗一道，历年所以启迪予者良多，不能悉记。"吴宓当然不能一一写出陈寅恪对他的帮助，但《年谱》和《日记》中，着实记了不少，流传至今，供今人学习。

哈佛"三杰"之说传开时，亦有哈佛"七星"之美谈。这"七星"同样是说在哈佛大学的中国留学生中有七位杰出人物。哪"七星"呢？除"三杰"外，还有俞大维，前文已有介绍，这里不再赘述。另有楼光来、张鑫海和顾泰来。楼光来（1895—1960），浙江嵊县人，1918年清华毕业后留美，入哈佛大学研习英国文学，获硕士学位，历任东南大学、清华大学、中央大学及南京大学教授，兼任中央大学及南京大学文学院院长。张鑫海，浙江海宁人，1918年清华毕业后留美，哈佛大学文学博士，曾任清华、北大、东南大学教授，1928年起任国民政府外交部驻外使节。顾泰来，江苏苏州人，哈佛大学自费留学生，学习历史，曾任东南大学教授，后供职外交部任秘书，1928年病逝。

现在看来，20世纪20年代，就读于哈佛大学的中国留学生真是人才济济。

师从白璧德

　　1917 年 7 月，年满 23 岁的吴宓带着对未来美好的梦，离开祖国，踏上了去美国求学的征途。船行太平洋上，吴宓心潮澎湃，诗情大发，写下《太平洋舟中杂诗》4 首，抒发青年诗人的情志："今来深快意，轻舟大海旋。一叶鸟穿云，千程箭离弦。去来水天长，俯仰宇宙宽。苍鲸偃溟渤，转侧成波澜。涓滴身局促，井蛙自应惭。解识达生理，终身破愁颜。"

　　初到美国，吴宓在弗吉尼亚州立大学学习，本想学习应用化学，"继则欲习新闻业，以为文学非今世所急需"。又认为文学可以自己研究，不必到美国学之。"此种见解，过后方知其误。"（吴宓语）1918 年，吴宓转入哈佛大学比较文学系，师从美国新人文主义批评家白璧德。白璧德

（Irving Babbitt，1865—1933）是哈佛大学比较文学系教授，20世纪初美国著名文学批评家。他学识渊博，除精通西方文学外，还通晓政治哲理，熟娴梵文与巴利文，对东方佛教、儒学也有相当的研究。他看到西方社会尽管物质十分富裕，但人却变成了物的奴隶，被物所异化。由于人性不存，各国民族之间互相残杀。如此的现实，使白璧德教授认识到科学的发展不仅没有给人类带来幸福，反倒给人类造成了空前的灾难，这使白璧德抱着救世的理想，倡导新人文主义。他的思想与他接受希腊、罗马和东方佛教思想有关，由于他的人文主义与文艺复兴以来的人文主义不同，所以称之为新人文主义。

白璧德强调人性，认为人性是二元的，即人性有善有恶。他说人生有三个境界：一曰神性（宗教的），二曰人性（人事的），三曰兽性（动物的）。他认为神性太高，一般人达不到；兽性太低劣，人不可任性纵欲处在这一层次；人性才是人类应奉行的中道。人之所以为人就是因为人有道德，人能克制自己的感情，遵循道德的规范。因此，白璧德主张要用"一切时代共通的智慧"来丰富自己，具体来说就是要以西方的柏拉图、亚里士多德，东方的释迦牟尼和孔子为模范，使人明白为人的道理，从而提高人的自我克制力。尤其是白璧德将人道主义与人文主义加以区分："人道主义主张博爱，人文主义则重选择，奉行人文主义者，注重个人内心之生活，奉行人道主义者，则图谋人类全体之福利与进步，而倡言为社会服务。"（白璧德《论民治与领袖》）他认为人道主义忽视了个人的道德修养，他从中国留学生身上发现了中国的人文主义，从而大加赞赏："儒家的人文主义传统是中国文化的精华，也是谋求文化融合、建立世界性新文化的基础。"（白璧德《中西人文教育谈》，载《学衡》第 8 期）他甚至意识到"19 世纪之一大可悲者即其未能造成一最完美之国际主义，造成一人文的国际主义，以中华礼仪之道，联世界成一体"。（白璧德《中西人文教育谈》，载《学衡》第 8 期）他把"中华礼让"看作改良世界文化的良药。

吴宓从老师白璧德的新人文主义中重新发现了中国传统文化的价值，从而对新人文主义深加服膺，他说："先生之学说在今世为最精无上而裨益吾国尤大。"又说："欲窥西方文明之真际及享用今日西方最高理性者，不可不了解新人文主义。"（吴宓《〈穆尔论现今美国之新文学〉译序》）吴宓认为白璧德的新人文主义观点不仅契合他对中国文化的深思，而且使他加深了对中国文化的理解。他说自从他接受了白璧德、穆尔等人的思想，也从西洋文化中吸收其精华，用这些观点观照中国文化，从而更能了解中国文化的优点和孔子的崇高正直。于是，他对导师更为敬佩，更加努力地阅读白璧德的书，准备用这一理论武装自己，并

于回国以后用这一理论拯救中国传统文化。他认为"白璧
德的新人文主义学说'综合古今东西的文化传统，是超国
界的''立论宏大精微，本为全世界，而不为一时一地'；
自己能由梅光迪先生导谒白先生，受其教，读其书，明其
学，传其业，深感荣幸。他努力多读、细读先生著作，并
通过课堂亲聆先生讲授，悉心学习先生的精神与人格"。
（吴学昭《吴宓与陈寅恪》）

吴宓不但自己热衷于白璧德新人文主义，而且深为中
国学生师从白璧德先生的人数不多而引以为憾。他说中国在
美国留学生有两千余人，在哈佛就有五六十人，然而接受白
璧德学说的仅仅有四五人，这怎能不让人感到遗憾呢？

吴宓经常到白璧德老师家请教，并同白璧德讨论中西
文化的诸多问题。1920 年 11 月 30 日晚，吴宓去拜谒白璧
德先生，谈论许久，白璧德很赏识这位中国弟子，于是给吴
宓出题，让他写一篇有关中国文化教育的文章，登在美国优
秀的报刊上。白璧德先生告诉吴宓：中国圣贤的哲理以及文
艺美术，西方人尚未得知，但这不是中国人自己研究不够，
而是英文著述不够。中国的文化要被西方了解认同，必须要
有精通中西文化的人对中国文化进行翻译。吴宓当即表示，
自己学成回国不管遇到何种困难，研究国学、中西融通的志
向不变。白璧德理论的影响、人格魅力的感召，是使吴宓先
生同中国文化结下永久不可解开的情结的重要力量。

　　1921 年 8 月 6 日，吴宓学成归来。1922 年 1 月 1 日以"论究学术，阐求真理，昌明国粹，融化新知。以中正之眼光，行批评之职事，无偏无党，不激不随"为宗旨的《学衡》杂志在南京创刊。《学衡》积极宣传白璧德的新人文主义，发表了一批译介新人文主义的文章，其中有影响的如胡先骕译的白璧德的《中西人文教育谈》，徐震堮译的《释人文主义》，吴宓译的《白璧德之人文主义》《论民治与领袖》《论欧亚两洲文化》，梅光迪写的《现今西洋人文主义》等。《学衡》杂志上共发表有关西方文化文章 69 篇，仅新人文主义的就有 20 篇，足见他对新人文主义的重视。

　　白璧德的新人文主义成了吴宓等人拯救中国传统文化的精神武器。然而，面对中国"五四"以后强大的新文化运动狂澜，他们显得是那样地不合时宜。因而吴宓自嘲是堂·吉诃德，难免处境可悲，其悲剧结局也显示出一代文化思想家的孤独心境。

新人文主义的基石

　　人文主义又称人道主义，14 世纪兴起于资本主义发展最早的意大利，15 至 16 世纪在西欧其他一些国家得到广泛传播，是文艺复兴时期西方资产阶级反对封建主义的主要理论武器。它肯定和注重人、人性，要求在每个文化领域把人、人性从宗教神学的禁锢中解放出来。主要代表人物有意大利的彼特拉克、薄伽丘和法国的蒙田等。后来，人文主义在西方形成了众多派别。其中，培根派也叫功利派，卢梭派又叫情感派。美国新人文主义大师白璧德指出，这两派只知追求物欲，而不注重人们内心的道德修养，这样将使人类愈来愈失去自制能力和精神中心，久而久之，整个"人类将自真正文明，下堕于机械的野蛮"（《中西人文教育谈》，《学衡》第 8 期）。因此，白璧德提出了自己的人文主义观点——注重人性，使人从物的奴役下解放出来，人们称之为新人文主义。

白璧德作为 20 世纪初期美国文学批评界的泰斗，与穆尔（Paul Elmer More）齐名，学问博大精深，著述甚丰。他认为当时整个西方社会物质虽然十分发达，但是，人变成了物的奴隶，成了物的异化，人不知所以为人之道，各国各民族之间又互相残杀不已，争斗不止，这样，科学的发达不仅没有给人类带来幸福，反倒给人类造成了空前的灾难（如第一次世界大战），成了囚杀人的桎梏刀剑。在这种情况下，白璧德抱着救世危难的宗旨，提出了新人文主义的观点。

白璧德首先强调人道主义（Humanitarianism）与人文主义（Humanism）是完全不同的。前者"以泛爱人类代替一切道德"，"几专重智识与同情之广被而不问其他"（《释新人文主义》，《学衡》第 34 期），像德国大诗人、大戏曲家希雷尔（Johann Christoph Friedrich Von Schiller），"纳众生与怀中，接全球以一吻"就是典型的人道主义；而后者"其爱人也，必加以选择"，强调人之所以成为人的各种规范与德行，强调使人不同于禽兽的自觉的"一身德业之完善"。这样，白璧德将人文主义与人道主义从含义上作了严格的区分，纠正了时人将人文主义作为人道主义别名的做法。

其次，白璧德针对人道主义所带来的严重社会后果，提出了挽救时弊的两条措施。第一，倡"人事之律"。所谓"人事之律"，就是要求人有理性和道德意识，崇尚和平，遵守纪律，有秩序，循规矩，抑制私欲、个性与自由，用古今中外有关个人内心修养的道德规范培养自己、熏陶自己、约束自己。这种"人事之律"是人类长期历史经验和智慧积淀而成的，是一种超越人性的外部标志。他认为，在20世纪，人类社会除"物质之律"外，更重要的是"人事之律"。因为受科学发展的影响，人类沦为了物的奴隶，丧失了真正的人性，现在要使人成为人，必须昌明"人事之律"，并以之为天职。只有这样，人类自身才能完善，否则，将会堕入一种任性纵欲的野蛮生活。第二，行"人文教育"。所谓"人文教育"就是"教人所以为人之道"，这种"为人之道"应"博采东西，并览今古，然后折中而归一之"。白璧德强调以柏拉图、亚里士多德、释迦牟尼和孔子为模范，以道德来规范人的行为，强调压抑感性，提升自我，这样才能保持和提高人性。

这种新人文主义观点，使白璧德能站在世界文化会通的高度来看待一系列文化问题。他认为，当今的文化问题比任何时候都显得重要，因为物质科学的发达已使整个社会产生了前所未见的变化。他主张应以"中和礼让之道联世界为一体"（《中西人文教育谈》，《学衡》第8期，1927年），促成一个"人文国际"。在他看来，中国文化传统与西方文化传统在人文方面互为表里，可以"形成我们谓之智慧的东西"，并具体指出，"孔子以为凡人所同具"之"自制之礼"，与"西方亚里士多德以下人文主义之哲人其所见均相契合者也"，"凡愿成为人文主义之自制工夫者，则成为孔子所谓君子与亚里士多德所谓甚沈毅之人"（《中西人文教育谈》，《学衡》第 8 期，1927 年）。因此，他认为中国的新文化运动，在"力攻形式主义之非"的时候，"必须审慎保存其伟大旧文明之精魂也"。否则，"中国所得于西方者，止不过打字机、电话、汽车等机器，或且因新式机器之精美，中国人亦以此眼光观察西方之文学而膜拜卢梭以下之狂徒"。为防止这种倾向的出现，他提出，在当时的中国留美学生中至少应有百人"潜心研究西洋文化之渊源"，"在中国国内各大学均宜有学者以孔子之论语与亚里士多德之伦理学比较讲授"。在美国各大学，也应该"聘胜任之中国教员，讲授中国历史及道德哲学"；又主张，中国留美学生应学习巴利文，"以求知中国佛教之往史，且可望发明佛教中尚有何精义可为今日社会之纲维"（《中西人文教育谈》，《学衡》第 8 期，1927 年）。他认为只有这样才能使"东西学问联为一体"，形成"最完美之国际主义"。

　　1917 年秋，吴宓赴美后，原在弗吉尼亚大学就读，后来，因倾慕白璧德的新人文主义理论，又受到原就读于芝加

哥西北大学、后转到哈佛大学的梅光迪先生之邀，于 1918
年转入哈佛大学比较文学系学习，师从白璧德。

对于 20 世纪现代保守主义核心的新人文主义，吴宓是
深为服膺的。他认为白璧德的新人文主义"在今世为最精
无上而裨益吾国尤大"，又说"欲窥西方文明之真际及享用
今日西方最高理性者，不可不了解新人文主义"（《〈穆尔
论现今美国之新文学〉译序》）。他声称白璧德的新人文主
义观点不仅契合他对中国文化的深思，而且使他更进一步加
深了对中国文化的理解。他曾说："（宓）亲受教于白璧德
师及穆尔先生。亦可云，宓曾间接承继西洋之道统，而吸收
其中心精神。宓持此所得之区区以归，故更能了解中国文化
之优点与孔子之崇高中正。"（《吴宓诗集·空轩诗话》）因
此，回国后不久，他即以《学衡》杂志为阵地，宣传新人
文主义，发表了一批译著和介绍新人文主义的文章。

吴宓不仅大力宣扬新人文主义，而且将新人文主义作
为救世之道的唯一良方。在《论事之标准》一文中，他说：
"今日救时之道，端在不用宗教，而以人文主义救科学与自
然主义之流弊也。吾对于社会、政治、宗教、教育诸问题之
意见，无不由此一标准推衍而得。"因此，他运用新人文主
义的理论参与中国的文化建设，探讨中国文化的出路，反
思"五四"新文化运动的得失。吴宓认为，对于文化不能
用新、旧来加以区别，以为凡是新的都是好的，旧的都是腐

朽的，因为世界上的万事万物，"新者绝少"，而所谓的新
"多系旧者改头换面"，"重出再见，常人以为新，识者不以
为新也"。所以"旧者不必是，新者未必非，然反是，则尤
不可"。同时，新、旧是相对而言的，昨天是新的东西，今
日则成了旧的东西，而"旧有之物，增之损之，修之琢之，
改之补之，乃成新器"。文化学术都是"就已有者层层改
变，递嬗而为新"，"故若不知旧物，则决不能言新"，因
此，他认为在文化问题上，不能依据进化论的"新必胜于
旧，现在必胜于过去"的观点，因为人文科学与自然科学
是不相同的，"物质科学，以积累而成，故其发达也，循直
线以进，愈久愈详，愈晚出愈精妙。然人事之学，如历史、
政治、文章、美术等，则或系于社会之实境，或由于个人之
天才，其发达也，无一定之轨辙。故后来者不必居上，晚出
者不必胜前。因之，若论人事之学，则尤当分别研究，不能
以新夺理也"（《论新文化运动》，《学衡》第 4 期，1922
年）。他主张应"博极群书，并览古今"，反对仅仅局限于
"新""旧"与否。吴宓的这种主张，代表了"学衡派"对
待文化传统的主要观点，注重了解和拥有世界一切具有永恒
价值的东西，追求一切真善美的东西，这种胸襟显然是以
"保存国粹"为宗旨的国粹派所无法企及的。

在如何利用西洋文化来构建中国文化的问题上，吴宓
主张对西洋文化要有全面系统的研究，然后有所选择。只有

选择精当，才能"保存国粹，而又昌明欧化"。"夫西洋文化，譬犹宝山，珠玉璀璨，恣我取拾，贵在审查之能精与选择之得当而已。"如果对西洋文化"未加深究，不知审慎选择"，"犹如西晋清谈，南唐词曲，终不免导致亡国之祸"（《再论宗教问题编者识语》，《学衡》第 5 期，1923 年）。而选择的标准，应取决于少数贤哲，而不要依附于众人之好恶。"西洋文化中，究以何者为上材，此当以西洋古今博学名高者之定论为准，不当依据一二市侩流氓之说，偏浅卑俗之论，尽反成例，自我作古也。"（《论新文化运动》，《学衡》第 4 期，1922 年）这实际上也是学衡派标榜的引进西学的标准之一。另一位学衡派代表人物梅光迪也表述了同样的思想，他说："被引进之本体有正当之价值，而此价值当取决于少数贤哲，不当以众人之好尚为依据。"（《现今西洋人文主义》，《学衡》第 8 期，1927 年）因此，吴宓不满意"全盘西化"派对西方文化的态度，认为他们是"专取外国吐弃之余屑，以飨我国之人"。

要想构建中国的新文化，吴宓指出，必须"兼取中西文明之精华而熔铸之，贯通之"。一方面，要研究中国古今文化，并发扬光大；另一方面，对西洋古今文化"亦应研究之，吸取之，译述之，了解而受用之"。只有对中西古今文化全面彻底地研究、了解，才能使之融会贯通。"西洋真正之文化与吾国之国粹，实多互相发明，互相裨益之处，甚可兼蓄并收，相得益彰。"他提出，目前应当着重研究孔教、佛教、希腊罗马的文章哲学及耶教（基督教）的真义。他说："中国之文化，以孔教为中枢，以佛教为辅翼。……今欲造成新文化，则当先通知旧有之文化……今既须通知旧有之文化矣，则当于以上所言之四者……首当着重研究，方为正道。"然后，把"吾国道德学术之根本"的孔孟人本主义，与柏拉图、亚里士多德的哲学"融会贯通，撷精取粹"，"再加以西洋历代名儒巨子之所论述"，熔铸一炉，以为"吾国新社会群治之基"。这样便可做到"国粹不失，欧化也成"，也就可以造成"融会东西两大文明之奇功"（《论新文化运动》，《学衡》第 4 期，1922 年）的新文化运动。只有在这样的基础上产生出来的新文化，才既不同于原来的东方文化或西方文化，又保存着原来东西方文化各自的特点，即融合了东西方文化的精髓。因此，这是一种超越东西界限而含有普遍永久价值的文化。吴宓的这种文化建设理论，完全超越了自洋务运动以来一直争论不休的"体用"模式，在文化理论上有着独特的价值，在中国文化发展史上应当占有不可忽视的地位。

痴迷红楼，慧眼灼见

　　"开谈不说《红楼梦》，读尽诗书也枉然。"《红楼梦》问世两百多年来，一直是中国知识界和人民大众心目中的显学，始终兴盛不衰。吴宓对《红楼梦》的喜爱，更达到了痴迷的程度。

　　吴宓 14 岁时，初读嗣父仲旗公自新疆带回来的《增评补图石头记》，铅印本，共 16 册。他一见到即爱不释手，日夜苦读，如醉如痴，每天可读五六回，半个多月读完全书。从此，他与《红楼梦》结下不解之缘。

　　对《红楼梦》的研究，学派之多令人瞠目结舌。其一，人们称之为旧红学的主要是评点派和索隐派。评点是中国传统的文学批评方法，始于南宋，其中突出的如李贽、金圣叹点评《水浒传》。《红楼梦》的评点以脂砚斋为代表，他的批评虽不尽恰当，却指出《红楼梦》的作者是曹雪芹，并提供了曹雪芹生平家世的线索，提供了《红楼梦》一些生活原型的材料和创作过程的情况，对《红楼梦》作了某些独到的艺术分析。旧红学影响最大的是索隐派，其代表性著作为蔡元培的《〈石头记〉索隐》，该书从反清斗争着眼，认为《红楼梦》是明朝遗民反清复明之书，提出了《红楼梦》旨在"吊明之亡，揭清之失"的"排满说"。其中一段为："书中'红'字多隐'朱'字，朱者，明也，汉也。宝玉有爱红之癖，言以满人而爱汉族文化也；好吃人口上胭脂，言拾汉人唾余也。"索隐派认为《红楼梦》的人物情节只是作品主旨的幕障，影射着历史事实，只有考察出真实的事情，才能明白作者的写作目的。因之，被人讥评为"猜谜式"的研究。

其二，为新红学。以胡适为代表的新红学，冲破了评点派的烦琐，批判了索隐派的穿凿附会，考证出曹雪芹的家世生平，判定《红楼梦》是曹雪芹的"自叙传"，创立自传说，引导读者注意作者及其生平。但新红学派妄自菲薄，错误地认为《红楼梦》"不得入近代小说之林"，"在世界文学中的位置"也是"不很高的"。

其三，吴宓的研究似乎可以称之为"新新红学"或义理派红学。在他之前，王国维于1904年所写的《〈红楼梦〉评论》，用叔本华的哲学观点、美学思想分析，断言《红楼梦》乃"宇宙之大著作",系"彻头彻尾之悲剧",这可以说是义理派的开山之作。它的特点是用西方哲学、美学观点来阐释《红楼梦》。吴宓于1919年1月撰写了《〈红楼梦〉新谈》,并在哈佛大学中国学生会演讲,1920年刊登于《民心周报》第一卷十七、十八期。这既是一篇"新新红学"论文,也是一篇比较文学论文。它从文学的角度阐释《红楼梦》,更能说明一些文学特点。它的"新新"之处有三:(一)它开宗明义肯定《石头记》(即《红楼梦》)为中国小说之杰作。"其入人之深,构思之精,行文之妙,即求之西国小说中,亦罕见其匹。西国小说,佳者固千百,各有所长,然如《石头记》之广博精到,诸美兼备者,实属寥寥。"(二)它根据哈佛大学麦戈耐迪尔教授(G.H.Magnadier)的理论:"凡小说之杰构,必具六长……何者为六?壹,宗旨正大;贰,范围宽广;叁,结构谨严;肆,事实繁多;伍,情景逼真;陆,人物生动,《石头记》实兼此六长。"吴宓按此六条,结合《红楼梦》文本,逐一做了具体分析,得出了科学的结论,实在是别具慧眼,让红学回到文学研究的正确轨道上来,开创了红学研究的光明大道。(三)重视对人物的分析,尤其是对主人公贾宝玉的性格特征做了十分中肯的剖析。他援引亚里士多德所作《诗论》中谓"悲剧中之主人(tragic hero),不必其才德甚为卓越,其遭祸也,非由罪恶,而由一时之错误,

或天性中之缺陷；又其人必生贵家，席丰履厚，而有声于
时云云"，得出"宝玉正合此资格"。他的结论是："宝
玉之习性，虽似奇特，然古今类此者颇不少，确在情理之
中。约言之，宝玉乃一诗人也。凡诗人率皆（一）富于想
象力（imagination），（二）感情深挚，（三）而其察人阅
世，以美术上之道理为准则。凡是此者，皆宝玉也。"提出
了全新的观点。后来他写《宝玉之性格》一文，情不自禁
地说，宝玉"与今世许多人为知友"，而在宝玉的"知友"
中"吴宓亦其一"，评论者的主体与被评论者客体合二为
一了。

抗日战争期间，吴宓先后写出了《〈石头记〉评赞》
《贾宝玉之性格》《论紫鹃》《〈红楼梦〉之教训》《〈红楼
梦〉之人物典型》《王熙凤之性格》等论文，把义理派红学
研究推向了一个高峰。同时，在大后方多次发表有关《红
楼梦》研究的演讲。据1943年《吴宓日记》记载："（一）
3月19日，在中央电工器材厂讲《〈红楼梦〉索隐及考证
撮述》；（二）4月15日，在西南联大讲《〈石头记〉真
谛》；（三）4月20日，在西南联大工学院，讲《石头记》；
（四）4月22日，在西南联大讲方豪考证《石头记》文；
（五）7月8日，在资源委员会化工材料厂，讲《石头记》
之作成及历史考证；（六）11月4日，在天祥中学演讲《红
楼梦》；（七）11月12日，为昆明职业青年妇女会演讲《石

头记》中爱情之大旨；（八）12月11日，在昆明炼铜厂讲《红楼梦》之爱读理由、考据与作成。"

1944年9月，吴宓离开昆明，搭邮车经遵义抵达成都，在燕京大学落榻并兼课。1946年9月，到武昌武汉大学担任外文系系主任。1947年4月回陕西省亲。这一时期，他在遵义浙江大学、成都四川大学、燕京大学、西安西北大学多次演讲《红楼梦》。

西安《建国日报》1947年4月11日有如下报道：

"（本报讯）红学专家吴宓教授，昨日下午开始（在西北大学）讲其红学，听众颇多，然秩序良好。吴氏首对红楼之考证作详细说明，断定该书实系曹雪芹一人所作，高鹗其人，仅系其编者而已。继对甄士隐、贾雨村、娇杏、香菱诸人，均有精辟之见解，广征博引，亦庄亦谐，语句生动，时时引起不少掌声。"

演讲至4月18日，中央社又发了这样一条消息：

（中央社讯）西大特约讲座吴宓教授，月来在西大主讲文学概论、世界文学史纲及《红楼梦》评论等课程，备受学生欢迎，所讲课程已告结束，定十八日飞返武大，闻将转往广州中山大学讲学。

据当时听过吴宓讲《红楼梦》的陕西文史研究馆馆员

刘善继先生回忆（刘善继当时为西大中文系学生）：

"这天下午，讲座在学校大礼堂举行。当我走进礼堂时，只见听讲的人黑压压一片，已经没有空位子了。我硬挤在一位熟同学的旁边坐下。远远望去，讲台上一位身着长衫，身材瘦弱的老头正在来回踱着慢步。他就是吴宓先生。他用清晰的语调分析《红楼梦》中的主要人物。他说：'贾宝玉是一位情痴，对爱情非常专一，他心里只装着林妹妹，即使美如天仙的薛宝钗也不能夺走他的心。他是非林黛玉莫属的。但是，贾宝玉又是一位对爱情极不专一的人，大观园中，凡是模样好一点的姑娘丫鬟，他没有不爱的。这种对爱情又专一，又不专一，构成了贾宝玉的性格特点和内心矛盾，也构成了他的悲剧结局。'"（陕西文史研究馆编《秦中旧事》）这段文字记载，应是宝玉"与许多今世人为知友""吴宓亦其一"的又一注脚。

亦师亦友的深厚情谊

在撰写中国现当代文化史、思想史、学术史时，有一事不可以忘记，那就是：吴宓与陈寅恪（1890—1969）两位学者相交半个世纪的情谊。

孔子说："益者三友……友直，友谅，友多闻，益矣。"（《论语·季氏》）吴宓之于陈寅恪，陈寅恪之于吴宓，就是这样的益友。而就"多闻"而言，陈寅恪真说得上是"多才之士，才储八斗"，与吴宓可以说是亦师亦友。

吴宓与陈寅恪相识、相交大约可以分为三个阶段：

第一，在哈佛大学阶段。前面说过，吴宓与陈寅恪认识，是经陈寅恪表弟俞大维介绍。陈出身名门，世代书香。他是江西修水人，生于 1890 年（光绪十六年）农历五月十七日，祖父陈宝箴系湖南巡抚，也是洋务派的中坚人物。

父亲陈三立，光绪十五年进士，授吏部主事，曾参加戊戌变法，为同光体诗派主要作家，著名诗人。晚年居北京，1937年，日寇入侵，北平沦陷，他愤而不食，五天后去世。陈寅恪12岁随兄东渡日本留学，15岁因病回国疗养，17岁考入复旦公学，19岁毕业，由亲友资助赴德，考入柏林大学，21岁入瑞士苏黎世大学，23岁赴法，就读巴黎大学。1918年，先生28岁，入美国哈佛大学，学梵文、希腊文、巴利文。1921年，再度赴德入柏林大学研究院，研究梵文及其他东方古文字。1925年回国，经吴宓推荐，陈寅恪任清华国学研究院导师，1926年，时年36岁，尚未结婚，共在国外留学十多年。

吴宓与陈寅恪一经接触，即佩服得五体投地。《吴宓日记》记载，在哈佛大学期间，与陈交往密切，经常聆听陈发表宏论。如关于诗歌创作，"陈君谓，欲作诗，则非多读不可，凭空杂凑，殊非所宜。又述中国汉宋门户之底蕴，程、朱、陆、王之争点，及经史之源流派别。宓大为恍然，证以西学之心得，深觉有一贯之乐。为学能看清门路，亦已不易，非得人启迪，则终于闭塞耳"（1919年4月25日日记）。可见收获之大，感触之深。两人亦经常外出游览，如1919年6月14日，"偕陈君寅恪赴波城，并游波城美术馆。至夕始归"。6月21日，"午，偕梅、陈、汪、汤诸君，游Reservoir Lake"。陈，即陈寅恪，汤，即汤用彤。除国家大事、学问专业外，个人生活问题他们也经常交谈。当时吴宓正犹豫与陈心一女士的婚事，汤用彤劝说道："婚事宜对症下药。"又云："知足者乃有家庭之乐。"陈寅恪云："学德不如人，此实吾之大耻。娶妻不如人，又何耻之有？"又云："娶妻仅生涯中之一事，小之又小者耳。轻描淡写，得便了之可也。不志于学志之大，而兢兢惟求得美妻，是谓愚谬。"不久，吴宓在未见面的情况下，聘定陈心一女士，不能不说是受了这两位挚友婚姻观的影响——此影响波及吴宓一生，这恐怕是吴宓（也包括陈、汤）始料不及的。

此后吴宓在评论王国维时，不无感慨也不无深情地说："……始宓于民国八年，在美国哈佛大学，得识陈寅恪。当时即惊其博学，而服其卓识。驰书国内诸友，谓'合中西新旧各种学问而统论之，吾必以寅恪为全中国最博学之人'。今时阅十五六载，行历三洲，广交当世之士，吾仍坚持此言，且喜众之同于吾言。寅恪虽系吾友而实吾师。即于诗一道，历年所以启迪予者良多，不能悉记。"（《吴宓诗集·空轩诗话》）

第二，在清华大学（包括西南联大）阶段。清华国学研究院成立于1925年，吴宓被聘为主任，主持全院工作。当时已聘请梁启超、王国维、赵元任三人为导师，吴宓又向曹云祥校长郑重推荐陈寅恪。当时陈远在德国柏林大学研究院。据说，曹校长问及陈学位、专著。吴宓据实以告：陈既无学位，又无专著。曹面有难色，后来梁启超愤而说道："梁某人虽著述等身，但加起来也不抵他的三百字。"曹校长于是下决心聘任，吴宓曾有"介绍陈来，费尽气力"之语。

陈寅恪在研究院主讲"西人之东方学之目录学"，指导学生进行专题研究的范围是《年历学》《古代碑志与外族有关系者之比较研究》等。对他的教学、科研与饮食起居，吴宓给予了无微不至的关怀。

1927年6月，王国维自沉于颐和园，震动了全中国，也使国学研究院陷入巨大悲痛之中。吴、陈二人除料理后事外，都写了挽联。吴宓还给《顺天时报》写了详细报道及挽诗。陈写了挽诗及著名的《王观堂先生挽词并序》，提出："凡一种文化值衰落之时，为此文化所化之人，必感苦痛，其表现此文化之程度愈宏，则其受之苦痛亦愈甚；迨既达极深之度，殆非出于自杀无以求一己之心安而义尽也。"这种"殉文化说"，较之一般人对死因的看法，深刻得多，确实有独创性。吴宓认为："王静安先生自沉后，哀挽之作，应以义宁陈寅恪君之《王观堂先生挽词》为第一。"(《吴宓诗集·空轩诗话》)

1937年，抗战全面爆发，清华南迁，与北大、南开合组西南联大于昆明。吴、陈两先生辗转抵达昆明，历尽辛苦。"联合大学以其兼容并包之精神，转移社会一时之风气，内树学术自由之规模，外来'民主堡垒'之称号。"(《国立西南联合大学纪念碑碑文》）弦歌之声不绝，两先生继续其教学与科研活动。1939 年，陈寅恪受英国牛津大学汉学教授之聘，因太平洋战争爆发，未能成行。1945 年，陈双目失明，赴英治疗无效，1946 年返回清华。

第三，新中国成立后阶段。在极"左"思潮影响下，两人与时势都格格不入，一开始吴宓还力求改造自己，加以适应，但收效甚微。1952 年思想改造运动中，吴宓写了《改造思想，站稳立场，勉为人民教师》一文，登在《新华日报》上。以后，高校停开英语课，吴宓也就很难施展才能，历次运动都是"运动员"，少不了挨批，科研也基本上陷于停顿状态。陈寅恪因双目失明（以后又腿骨骨折），好些政治活动难以参加；又因知名度太高，北京时有要人前来访问，广东党政领导对他多有照顾。因此，陈寅恪还能上课，还能继续写书。1958 年，批判"厚古薄今"，郭沫若在写给北大历史系师生的一封信中点了陈寅恪的名，把他划在资产阶级史学家一边，陈自此再不登讲坛。

令人唏嘘的是，1961 年秋，形势稍有缓和，年已 67 岁的老人吴宓，千里迢迢由四川至广州，看望挚友、年已 71 岁的寅恪兄。吴宓在日记中这样写道：

"寅恪兄之思想及主张，毫无改变，即仍遵守昔年'中学为体，西学为用'之说（中国文化本位论）。而认为当前已遭遇甚大之困难，中国应走第三条路线，独立自主，自体其民族之道德、精神文化，而不应一边倒，为人附庸。今中国之经济日困，而国际之风云愈急，瞻望世界前途，两大阵营之孰胜孰负甚难预卜，未来趋势如何，今尚难预言。在我辈个人如寅恪者，则仍确信中国孔子儒道之正大，有裨于全世界，而佛教亦纯正。我辈本此信仰，故虽危行言殆，但屹立不动，决不从时俗为转移。"（1961 年 8 月 30 日日记）

"寅恪专述十二年来身居此校能始终不入民主党派，不参加政治学习而能自由研究，随意研究，纵有攻诋之者，莫能撼动；然寅恪兄自处与发言亦极审慎，即不谈政治，不论时事，不臧否人物，不接见任何外国客人，尤以病盲，得免与一切周旋，安居自守，乐其所乐，不降志，不辱身，堪诚为人所难及。"（1961 年 8 月 31 日日记）

临别时，陈寅恪又以诗一首相赠："问疾宁辞蜀道难，相逢握手泪汍澜。暮年一晤非容易，应作生离死别看……"果然这是两人最后一面，此诗终成谶语。

待到 1966 年"文化大革命"发动，吴、陈两人均遭受残酷迫害。1971 年，吴宓头顶"资产阶级反动学术权威""现行反革命"两顶帽子，仍心向南国，记挂双目失明、腿骨骨折的陈寅恪的安危。他在梁平县"戴罪改造"，冒极大风险，径直去信中山大学革命委员会，询问陈寅恪一家情况，读之令人肝胆欲裂。全信如下：

广州国立中山大学革命委员会赐鉴:

在国内及国际久负盛名之学者陈寅恪教授,年寿已高,且身体素弱,多病,又目已久盲。——不知现今是否仍康健生存,抑已身故(逝世)?其夫人唐稚莹女士,现居住何处?此间宓及陈寅恪先生之朋友、学生多人,对陈先生十分关怀、系念,极欲知其确实消息,并欲与其夫人唐稚莹通信,详询一切。故特上此函,敬求贵校(一)覆函示知陈寅恪教授之现况、实情。(二)将此函交付陈夫人唐稚莹女士手收。请其复函与宓。不胜盼感。附言:宓 1894 年出生,在美国哈佛大学与陈寅恪先生同学,又在国内清华大学及西南联合大学与陈先生同任教授多年。1961 年宓曾亲到广州贵校,访候陈先生及夫人(时住居岭南大学旧校舍内)。自 1950 年以来,宓为重庆市西南师范学院教授(1958 年以后,在中文系)。但自 1965 年起,已不授课。现随学校迁来梁平新建校舍。覆函请写寄"四川省万县专区,梁平县,屏锦镇,七一房邮局,交:西南师范学院中文系教师,吴宓先生收启"。

即致

  敬礼

                            1971 年九月八日吴宓上

熔铸古今的同门大师

　　谈了吴宓与陈寅恪的情谊，不可不谈吴宓与另一位国学大师汤用彤（字锡予）相交相知半个世纪的故事。

　　季羡林先生曾经说过："在锡予先生身上，熔铸今古、会通中西的特点是非常明显的。他对中国古代典籍的研读造诣很高，对汉译佛典以及僧传又都进行过深刻彻底的探讨，使用起来，得心应手，如数家珍。又远涉重洋，赴美国哈佛大学研习梵文，攻读西方和印度哲学，再济之以个人天资与勤奋，他之所以成为国学大师，岂偶然哉？"（《汤用彤先生诞辰百周年纪念论文集·序》）

　　汤用彤（1893—1964），字锡予，湖北黄梅人，1893年6月21日出生。父汤霖，字雨三，晚年号颐园老人，光绪十五年（1889年）进士，平番（今甘肃永登）知县，生平最爱读《桃花扇》中的《哀江南》，锡予先生耳濡目染，3岁即能背诵《哀江南》。1898年，其父丢官，先后设教馆于兰州、北京，锡予先生在教馆随父学习，"幼承庭训"，家教颇严。1908年，汤用彤入北京顺天学校，与梁漱溟、张申府成为同学。1911年，考入清华留美预备学校，遂与吴宓相识，并成为莫逆之交。

那时，他们都爱好国学，经常进行创作。清华虽是留美预备学校，重视西学，但也十分注重国学。"1911年至1913年，清华学校把国文较好、爱读国学书籍的学生七八人选出，特开一班，派学问渊博、有资格、有名望的国文教员姚茫父（讳华，字重光）、饶麓樵（讳檟龄）诸先生来讲授。此特别班的学生，有何传骐（高等科）；有刘朴、汤用彤、吴宓、闻多（即闻一多）等，闻年最幼（以上中等科），于是互相督促、切磋，共同勤读。"（孙尚扬《汤用彤先生年谱简编》）

吴宓立志写一部长篇小说很久了，此时与汤用彤合作，是非常好的时机。"与汤君议著小说事，定名为《崆峒片羽录》，全书三十回，因先拟定前十五回之内容。午后余为缘起首回，汤君则为第一回，未成而一日已尽矣。"（1912年8月5日日记）"是日上午，余缘起首回告成。汤君之第一回至晚亦竣。每回十页，以后作法皆由余等二人共拟大纲，然后由汤君著笔编述，然后余为之润词。"这部小说，据吴宓后来回忆，已写成 3 万余字，从未刊布，1923 年在南京搬家，家人不慎，致使原稿丢失，吴宓心痛万分，悔恨不已。

《吴宓诗集》中的《清华集》收有《示锡予》《偶成示锡予》等，并刊有汤用彤照片一帧。

1918 年，吴宓由弗吉尼亚大学转入哈佛大学，经梅光迪介绍结识美国著名学者、新人文主义大师白璧德教授，并跟随白璧德教授学习。经吴宓劝说，汤用彤也于 1919 年，由汉姆林大学转学至哈佛大学，与陈寅恪一起，师从 Lanman 教授，学习梵文、巴利文及印度哲学。吴、汤二人又重新聚首。吴宓曾将这一年所经历之事，戏编成小说回目，中有《陈寅恪大宴东方楼　吴雨僧三探南车站》，写的是陈寅恪初到哈佛，受许多好友宴请，后在波士顿"东方楼"设宴还席。又写汤用彤到波士顿那天，吴宓到南车站接他三次，到第三次才接到的故事。

在哈佛，两人同居一室，达两年之久（1919 年 9 月至 1921 年 6 月）。

这两年对吴宓、汤用彤来说，实在是不平常的两年，甚至可以说，这是使他们生命转折的两年，原因是他们在这期间都奉白璧德教授为师，白璧德的学说影响了他们的一生。

吴宓师从白璧德，是梅光迪引见的。汤用彤师从白璧德，则是吴宓、陈寅恪引见的。他们都受教于白璧德教授。

吴宓认为白璧德的新人文主义"在今世为最精无上而裨益吾国尤大"（白璧德《论民治与领袖》），又说："欲窥西方文明之真际及享用今日西方最高理性者，不可不了解新人文主义。"（吴宓《〈穆尔论现今美国之新文学〉译序》）师从白璧德前，汤用彤有诸多观念与之契合，受教后，他的治学态度、方法、领域及文化观颇受白氏影响，一如学衡派主要人物吴宓、梅光迪等。实际上白氏的理论就是日后学衡派的理论来源。

1922年，汤用彤获哈佛哲学硕士学位后回国，经吴宓推荐，汤来到东南大学，任教于哲学系，年仅29岁。他发表在吴宓任总编辑的《学衡》杂志上的第一篇文章是《评近人文化之研究》，深刻批评"诽薄国学者""输入欧化者""主张保守旧文化者"三种不良倾向，今天看来，仍有深刻的指导意义。就这样，汤用彤走上了一生探求"昌明国粹，融化新知"的道路，成为熔铸古今、会通中西的学术大师。

生死之交同窗谊

　　吴芳吉（1896—1932），重庆江津人，字碧柳，别号白屋吴生，世称白屋诗人。1911 年，即清宣统三年，考入清华留美预备学校，与吴宓成为同学。相识不久，吴宓即在吴芳吉处见到他所编著的《观摩日报》，喜其"文辞茂美，词笔畅丽"，激起吴宓结识并深交的愿望。两人在校同学习，同生活，同唱和，同议论国家大事，往来频繁。1912年 9 月，清华发生学潮，吴宓、吴芳吉等 10 名学生代表被开除。"离校之日，同学大多数步行送至海淀。数星期后，与诸代表先后被赦回校，独吴芳吉未能亦不肯归"（《吴宓诗集》之《出版介绍》），径自回四川。吴宓非常感伤，于是与吴芳吉结为生死之交，终生不渝。世称二人为"两吴生"，以示其情同手足。

　　自此以后，吴宓不仅在学问上帮助吴芳吉，在经济上也尽力疏解他的困难。到美国后，吴宓曾在留学生中募捐，予以支持。当时与支持者约定：（一）数目多少，各人自由认定；（二）定期缴纳，不容迟缓；（三）只尽在己之义，不问受者作何使用；（四）永无酬报还答；（五）俟碧柳独立时，公议解组（吴汉骧《记吴宓教授与白屋诗人吴芳吉的友情》）。吴宓选购英文书刊寄吴芳吉，凡认为疑难之处，均在书页上加以注释，以便吴芳吉自学。

　　吴宓自美国归来后，先后介绍吴芳吉到东北大学、西北大学任教。1925年，吴宓到清华主持国学研究院，"求芳吉教于清华大学，（吴芳吉）至京师，艴然曰：'除我学籍，奚其为仇儗事？'"不愿回清华。之后吴芳吉执教西北大学。1926年，北洋军阀吴佩孚部刘镇华军10万，包围西安城8个月之久，小麦涨到每斗21元大洋，城内饿死的老百姓数以万计，吴芳吉也几乎成为饿殍。吴宓得知冯玉祥将军率部解西安之围，立即请在冯玉祥部任秘书长的嗣父仲旗公前往西北大学探望。仲旗公将吴芳吉和数十名奄奄一息的师生带到军部饱餐。紧接着，吴宓由北京赶到西安，携吴芳吉到清华大学休养，然后再次推荐他到东北大学任教，月入颇丰。吴芳吉后来回到四川，照料生病的父亲，改任成都大学国文系主任教授。1931年秋，任江津中学校长。1932年病殁，享年36岁。吴宓编《吴宓诗集》时，以一页刊登吴芳吉的照片，并刊有刘永济《哭碧柳》长诗，还撰写了《吴芳吉传》，以永远悼念这位情同骨肉的挚友。此后数十年，吴宓对吴芳吉的母亲、妻子、儿女4人，均给予无微不至的照顾。1943年，吴芳吉之子吴汉骧，协助梁漱溟先生筹办勉仁学院江津分院，之后江津知名人士建议改名白屋文学院，以纪念白屋诗人吴芳吉。吴宓不仅出钱出力支持，还约了重庆大学刘朴教授等一同去江津义务上课，直至学院停办。1955年，吴宓主动按月汇寄10元给吴芳吉长子吴汉骧，直至1966年"文化大革命"前夕为止，历时11年。1957年，吴汉骧长女考进西南师院英语系，吴宓每月给她5元零用钱，直到毕业。

蜀中多诗才，"沫若之出自嘉州，碧柳之出自江阳，东西对称，各有意态"，重庆老人邓少琴如是说。四川人论诗，往往将郭与吴并列。吴芳吉写出了《护国岩词》《婉容词》等流传久远的著名诗篇，在同一时代中，独具一格，影响深远。

吴宓原计划自编历年诗作，题为《泾阳吴生诗集》，与吴芳吉的《白屋吴生诗集》合刊，称为《两吴生集》，并已由柳诒徵写好序言。"其时碧柳适处西安围城中，追丁卯春脱险来北京，得抽暇将予已编之诗点勘一过，偶有更改删削。碧柳旋即由沈返蜀，相见无缘，刊行之事遂阻。"（《吴宓诗集·刊印自序》）

1915 年，吴芳吉在日记中写道："吾不知诗也，吾知诗家门雨僧兄所教也。雨僧者，吾良友而贤师也。……吾在蜀中，孤陋寡闻，若井底蛙，偶有吟咏，鸟语虫鸣，鄙不足道，而雨僧乃谆谆焉，不惮吾之浅薄，诲我不倦。吾诗有今日者，全赖雨僧之力也。"吴宓最了解吴芳吉，吴芳吉也最了解吴宓。在这篇日记中，吴芳吉对吴宓诗作了十分中肯的评价："雨僧生长西北，关中都下，皆苦寒之地，虽时一南来，而留连不久，故其为文，朴质而少饰，此雨僧之所长，亦雨僧之所短也。以其朴质，故不免束缚于文，而不能空灵耳。""朴质"有两重性，"不能空灵耳"，实在是吴宓诗的一个缺憾，这种精到的点评，只有吴芳吉能一针见血地指出，因为他对吴宓知之最深、爱之最切！

君子之交师生情

　　吴宓自 1922 年 1 月 1 日创办《学衡》杂志后，影响扩大，被具有保护国粹意识的人视为知己。钱钟书的父亲钱基博即是此类人之一，尽管他不擅长作诗，但他在 1925 年特作诗一首《赋呈短章奉贺雨僧先生新岁之禧》：

> 鼙鼓惊心急，屠苏著意醇。
> 清华新日月，薄海旧沉沦。
> 所贵因时变，相期济世屯。
> 寸心生趣苗，大地自回春。

　　诗作对吴宓捍卫中国文化的精神加以赞赏，并将吴宓与自己列为志同道合的"相期济世屯"者，吴宓收到诗后回赠他一首《依韵奉和子泉先生》：

> 道高文益贵，交浅味偏醇。
>
> 感予情何厚，相看世已沦。
>
> 寸心悬日月，万劫数艰屯。
>
> 长夜终须旦，花开盼早春。

由此可见，吴宓与钱基博交情也算不错，二人有相同的喜好，可谓君子以诗会友。

1929 年秋，钱基博的公子，也就是后来震惊中国学术界的大师钱钟书被清华大学破格录取。当钱钟书步入清华园时，钱基博所尊崇的吴宓正是该校外文系的教授，但此时两人并无多少来往。时过一年，即 1930 年 9 月，吴宓到欧洲游学，一年后回国，在清华外文系主讲"古典文学"和"浪漫诗人"。在他的学生中，天资聪慧、博学强识的钱钟书引起了吴宓的注意。他赞赏钱的好学聪慧，曾当着学生们多次感慨地说："自古人才难得，出类拔萃、卓尔不群的人才尤其不易得，当今文史方面的杰出人才，在老一辈中要推陈寅恪先生，在年轻一辈人中要推钱钟书，他们都是人中之龙，其余如你我，不过尔尔。"（朱仲蔚《学人说钱钟书》，《团结报》1988 年 10 月 8 日）由此可见吴宓对钱钟书的赏识，也表现出他豁达的胸怀。他并不像一些心胸狭窄的老师唯恐学生超过自己。由此，吴宓与钱钟书的交往日深，尽管钱钟书较自负，有时说些令老师难以接受的狂语，吴宓也能坦然处之，足见吴宓先生对读书之才的怜爱。如钱钟书曾经拒绝进入清华研究院深造，扬言："整个清华，没有一个教授有资格充当钱某人的导师。"当时清华外文系的有名教授叶公超、陈福田等对此很不满意，唯有吴宓表示理解："学问和学位的修取是两回事，以钱钟书的才质，他根本不需要硕士学位，当然，他还年轻，瞧不起清华现有的西洋文学教授也未尝不可。"（《钱钟书与近代学人》）吴宓把钱钟书既当成学生更当作研讨文学的朋友看待。吴宓的宽厚和蔼、乐于奖掖后进的精神使钱钟书为之感动。

据钱钟书清华校友罗林教授回忆，钱钟书在上大学二年级时，他在谈话中就敢挑剔中文系主任朱自清和哲学系主任冯友兰的学问。更令人惊讶的是，他断言他父亲的学问"还不完备"，老师当中，他尊敬吴宓这位哈佛大学欧文·白璧德的"新人文主义"学生。他对吴宓这位当时颇受非议的人这样评价：

> 我这一代的中国青年学生从他那里受益良多。他最先强调了"文学的延续"，倡导欲包括我国"旧"文学于其视界之内的比较文学研究。15年前，中国的实际批评家中只有他一人具备对欧洲文学史的"对照"

（synoptical）的学识。

（胡志德《钱钟书》）

钱钟书离校后，不久清华就有人传言钱钟书用英文给吴宓写传。钱钟书知道后，就给吴宓写了一首诗：

> 褚先生莫误司迁，大作家原在那边。
> 文苑儒林公分有，淋漓难得笔如椽。

钱钟书自谦不敢做"褚先生"班门弄斧来贻误"司马迁"般的大手笔；"大作家原在那边"典故出自《卢氏杂说》中王维语。宰相王玙好与人作碑志，有一次，一个送润毫（稿酬）的人来，误叩王维门，王维说："大作家在那边。"钱钟书用此语说明像吴宓那样的诗人兼学者的大家，自己哪能有如椽大笔给他作传？

1934 年，钱钟书的《中书君诗》刊行，吴宓题赠七言诗一首《赋赠钱君钟书即题中书君诗初刊》：

> 才情学识谁兼具，新旧中西子竟通。
> 大器能成由早慧，人谋有补赖天工。
> 源深顾赵传家业，气胜苏黄振国风。
> 悲剧终场吾事了，交期两世许心同。

全诗对钱钟书作了高度的评价，吴宓称他"才情"兼具，学贯中西古今，还将他的诗排列在顾炎武、赵翼、苏东坡、黄庭坚之中，他又感叹自己"悲剧终场"，诗末点明自己与钱氏有"两世"交情。钱钟书得到老师的诗，读后很有感触，即刻作诗寄赠吴宓《雨僧师赐诗，奖饰溢分，以余谓师孤标高格，而伤心人别有怀抱，大类希腊古悲剧中主角，乃云"悲剧终场吾事了"，感呈一首》：

> 独行开径古争强，我法凭人说短长。
> 有尽浮生犹自苦，无穷酸泪倩谁偿。
> 身同孤注伤徒掷，情入中年忏莫忘。
> 捣麝成尘莲作寸，饶能解脱也凄凉。

诗中饱含对老师的同情理解之情，特别是最后两句诗用温庭筠《达摩支曲》"捣麝成尘香不灭，拗莲作寸丝难绝"，暗指吴宓中年时的一场难以割舍的情感纠葛。

1934年寒假，吴宓作了12首题为《空轩》的七言诗，他给朋友看，赞扬的人很少，批评者多，钱钟书写诗发表自己的意见：

> 百年树木迟能待，顷刻开花速岂甘；

各有姻缘天注定，牵牛西北雀东南。

诗尾特意小注："题雨僧师《空轩》诗后，余最爱其'未甘术取任缘差'一语，未经人道。"吴宓的原诗为：

空轩冷月对梅花，往事回环梦影斜。
始信情场原理窟，未甘术取任缘差。
书城玉女堪为伴，尘海汹涛好泛槎。
收拾闲心归正业，已忘身在况思家。

1935 年 2 月，吴宓所钟爱的女子毛彦文嫁给大她 28 岁的熊希龄。吴宓非常伤心，于是写出感情真挚的《忏情诗》，发表后却招致诽谤，他心绪极坏。因没人理解他而苦恼，于是他写信向钱钟书诉说苦恼。钱钟书很理解老师的心绪，便写诗安慰他、劝导他：

中年哀乐托无题，想少情多近玉溪。
一笑升天鸡犬事，甘随黄九堕泥犁。

吴宓同钱钟书之间的交往，是标准的君子之交，他们以诗传递着师生、学友之情，尤其是吴宓更表现出为师者的旷达胸怀。

1935 年，《吴宓诗集》由中华书局出版，吴宓便即刻送给钱钟书一本。他还特意把钱钟书的《论师友诗绝句》中有关他那首放在自己诗集首卷附录中，钱钟书诗为：

> 亚槧欧铅意欲兼，闲情偶赋不妨禅。
>
> 南华北史书非僻，辛苦亭林自作笺。

诗后钱钟书自注："'亚槧欧铅'乃梁任公《广诗中八贤歌》论严几道语。亭林事见《小仓山房尺牍·与杨兰坡》。吴师以学人而为诗人，又通天人之故与宁人相似，又好自注，故云。"

1938 年上半年，钱钟书还在法国巴黎留学时，吴宓就多次给清华大学（当时为西南联大）文学院建议，聘钱钟书到母校任教。然而，钱钟书来校任教不到一年，至 1939 年夏天，便辞去了西南联大的教职，准备到湖南宝庆县蓝田镇的国立师范学院任教。因为他的父亲钱基博任该校中文系主任，所以他离开西南联大的真正原因大概和他父亲有关。但也有传说钱钟书在西南联大遭人嫉妒，心绪愤然，所以离开时说："西南联大的外文系根本不行，叶公超太懒，吴宓太笨，陈福田太俗。"钱钟书离开西南联大肯定心情不好，但也不像谣传的说他与吴宓先生彻底搞僵，从《吴宓诗集》这一年录入的钱钟书的《上雨僧师以诗代简》可见一斑：

生钟书再拜，上白雨僧师。勿药当有喜，体中昨
何如？珏良出片纸，召我以小诗。想见有逸兴，文字
自娱戏。尚望勤摄卫，病去如抽丝。书单开列事，请
得陈其词。五日日未午，高斋一叩扉。室迩人偏远，
怅怅独来归。清缮所开目，价格略可稽。应开二百镑，
有美而无亏；尚馀四十许，待师补缺遗。媵书上叶先，
重言申明之。珏良所目睹，皎皎不可欺。朝来与叶晤，
复将此点提；则云已自补，无复有馀资。由渠生性急，
致我食言肥。此中多曲折，特以报师知。匆匆匆尽意。

四月十五日，下午第五时。

(《吴宓诗集》)

至于钱钟书是否说过这话，现在难以说清。为此，钱
钟书夫人杨绛在 1998 年 5 月 14 日《人民日报》发表《吴
宓先生与钱钟书》一文特作解释。就是钱钟书真说了这话，
想必吴宓也不会生气，因为他对西南联大放走钱钟书非常生
气。据吴宓女儿吴学昭著《吴宓与陈寅恪》中记载：

一九四〇年春，父亲因清华外文系主任陈福田先
生不聘钱钟书，愤愤不平，斥为"皆妾妇之道也"。
他奔走呼吁，不得其果，更为慨然，"终憾人之度量不

广，各存学校之町畦，不重人才也"。又怨叶公超、陈福田先生进言于梅校长，对钱等不满，"殊无公平爱才之意……"

1946年，钱钟书发表了他的长篇小说《围城》，颇受读者欢迎。但该书却不受西南联大外文系的教授们欢迎，因小说中的"三闾大学"似指西南联大，可吴宓却同别的教授不同，他对《围城》评价很高，为学生取得的成绩感到欣喜，这不正表现出为师者的高尚风范吗？《吴宓诗集·武汉集》（1947年）中连收钱钟书写给吴宓诗四首，其中《秋怀》诗后整理者注：

"此律录自作者一九四七年十月于上海面呈吴宓诗笺，与《中秋夜阴是日始凉有秋意》同书一纸，末书：雨僧夫子吟教，门人钟书呈稿。"可见钱钟书对吴宓的尊敬，也说明二人一直有交往，钱钟书以学生礼将自己的诗作呈于吴宓。

（《吴宓诗集》）

吴宓与钱钟书这对特殊的师生，一生读书、写书，书正是架在他们感情中的桥梁。吴宓喜爱、推崇钱钟书的正是此人有超人的才华，钱钟书尊敬吴宓也正是先生的教导之恩。钱钟书在《谈交友》中说："我有大学时代最敬爱的五位老师，都像浦伯所说，以哲人、导师而更做朋友的，这五位老师以及其他三四位好朋友，全对我有说不尽的恩德。"吴宓无疑是这五人之一。正如杨绛在《吴宓先生与钱钟书》一文中说："吴宓先生是他交往最长久、交情最亲近的一位老师。其他几位，先后都疏远了。60年代初，吴先生到北京，还到我家做客。他在我们家吃过晚饭，三人在灯下娓娓话家常，谈体己，乐也融融。"

　　1993年，当钱钟书给《吴宓日记》写序时，他一定又想起了他的这位"悲剧主角"的老师，再次表现出师生二人因书而生的情缘。

创办《学衡》，存旧立新

一、吴宓和他的"办刊情结"

20 世纪二三十年代，中国南京、北京两地，出现了一份颇为引人注目的人文科学学术杂志，它就是《学衡》。它的办刊宗旨为："论究学术，阐求真理，昌明国粹，融化新知。"它以文史哲学术论文为主体，兼有文学创作（诗歌、戏曲）与翻译；它主要研究中国古代文化、现代文化以及古代文学、现代文学，同时也介绍西方文化与西方文学；它的编辑人员和作者队伍以总编辑吴宓为核心，都是学贯中西、博古通今、出身名门、留学国外的著名高等学府从而享有盛名的教授、学者。它既是一个大型综合性的文化研究期刊，也是一个有着共同理想共同追求的同仁学术刊物。

创办刊物，对吴宓来说，是他一生十分执着的追求，可以称之为"办刊情结"。还在青少年时期，吴宓即有志于此。他在 1911 年抵京入清华留美预备学校不久，曾进行系统的回顾与总结。他说："余自幼而好作事，喜为文词。年十一，则著小说叙明祖驱逐胡元事，未成也。既而又自为《童子月报》，亦未能成，盖其时才力殊浅薄也。年十二，则与杨君天德合著《十二小豪杰》及侦探小说及《陕西维新报》，皆弗得克完其终。年十三，其夏六月，则与胡氏兄弟著《童子杂编》杂志也，旋又改名《少年世界》。既以事废，余乃与杨君、张氏弟兄组织《敬业学报》。后又与杨君、南君幼文、张君铎为《童子学报》，顾卒出一期而止。其冬十月，余又独为《童子丛报》，门类略备，二册而止。明年为丁未，余年十四，其五月，则与杨君为《童子日报》。其六月，余独为《童子杂志》，得二册焉。其九月，则与杨君合为《童子丛报》，得三册；又同时出《小说月报》，一册即止。戊申终岁无所为，惟于暑假中著小说一种，叙郑成功事，成二三回而止。盖胡氏兄弟又欲为报，余为担任小说云。余其秋又著小说曰《海外桃源》，皆未成也。己酉春，余与杨君议创一报，曰《星星杂志》。其夏五月，余始订诗稿，又以独为《星星杂志》一册，盖又为《陕西杂志》作先声云。其秋七月，始与胡氏弟兄、南君、牟君等建立《陕西杂志》，初名为《陕西学生杂志》，又改《陕西青年杂志》，终乃以陕西二字为名。虽中经与他社之冲突，气未少折，而余之著述事业至是而始得印刷、始得正当公布于众。顾卒以社员乏人，经费无着，仅出一册，虽成稿二册亦未印出，令人悼伤何胜！"接着他郑重写道："呜呼，他日有暇仍当重整旗鼓，为吾陕报界开一新天地。勿使十年来一片热心，一团志气，遂由此一蹶而不复振。勉之勉之。书之于日记，亦自示鼓励之意也。"（1911 年 7 月 16 日日记）

一个十多岁的小青年，自小办刊办报，有如此雄心壮志、恒心毅力，失败，再失败，仍奋斗不止。由此，我们不难理解，吴宓一人独力支撑办《学衡》，遇到巨大困难时，那种百折不挠的气概从何而来！

入清华后，他在紧张学习之余，于 1913 年转译美国诗人朗费罗的长诗《伊凡吉琳》（*Evangeline*），创作《沧桑艳传奇》4 出，原拟作 12 出。这是一部"未完成的杰作"，载于同年及次年的《益智杂志》第一卷第 3 期至第二卷第 4 期。1914 年，吴宓在《清华周刊》发表仿英人狄更斯《双城记》的纪实小说《二城新事》。这一时期最为重要的成果是 1915 年 9 月开始在《清华周刊》登载系列文艺短评《余生随笔》，从第 48 期至 1916 年 4 月第 72 期为止。

由此可见，吴宓的"办刊情结"或创作欲望是何等强烈，这也为他以后筹办《学衡》杂志，做好了思想准备和业务准备。创办《学衡》杂志绝不是一时冲动，心血来潮，而是酝酿已久的火山爆发。

二、筹办《学衡》

《学衡》最早的策划人，实为吴宓清华与哈佛同学梅光迪。1921年，梅去信敦促吴宓舍弃北京高等师范学校月薪300元的教授职位，而就职于南京高等师范学校月薪160元的教授职位，并提出：1920年秋，即与中华书局有约，编辑一月刊，名曰《学衡》，"此杂志之总编辑，尤非宓归来担任不可"。吴宓毅然来南京高师执教，不能说与这个建议无关。事实上，梅已与中华书局订立契约，并约定基本撰稿人刘伯明、马承堃、胡先骕、肖纯锦、徐则陵、柳诒徵等，都是东南大学学术修养极深的教授。

《学衡》杂志为"三无"刊物：无经费，无专职人员，无编辑部。总编辑吴宓住在哪里，哪里即挂上"《学衡》杂志社"的牌子。他不领分文报酬，刊登稿件也无稿酬，办刊自始至终，历时12年，所需经费以至开会的茶点费、笔墨纸张费，特别是邮资，完全由吴宓一人承担。实际上吴宓集编辑、作者、出版、发行四项任务于一身。后期虽有少量赞助，但总计仅600元，杯水车薪。这种一人独力支撑一大型杂志之事，在中国报刊史上可以称之为奇迹。为节省开支，每期寄送社员、作者及相关单位的刊物，均由吴宓亲自包卷，贴上邮票，乘人力车送交邮局寄发。在创办《学衡》期间，吴宓"昕夕勤劳，至于梦中呓语，犹为职务述说辩论。盖此后3年中，实为予一生最精勤之时期"（《吴宓诗集·空轩诗话》）。

第一次筹备会议上，原策划人梅光迪主张不设社长、总编辑，以免有争职位之事，又说每月出刊，需前一月交稿，要求大家迅速撰文。吴宓力主"办事必须有一定之组织与章程。职权及名位，亦必须明白规定。对内、对外方可有所遵循"。又提出"《学衡》杂志之宗旨及体例，同仁之根本思想与公共主张，必须写成数条，用明确之文字，宣布于世。此即可作为本志、本社之'宪法'"。这样，遂使《学衡》的编辑工作步入正常轨道。

三、《学衡》的宗旨及其由来

由吴宓倡议并撰写的《〈学衡〉杂志简章》，自创刊号起，即在《学衡》杂志首页刊出。简章规定《学衡》的宗旨为："论究学术，阐求真理，昌明国粹，融化新知，以中正之眼光，行批评之职事，无偏无党，不激不随。"这36个字来之不易，是吴宓与学衡派诸公长时间艰苦地探索中西文化关系及振兴中华文化的结晶，尤其是其中"昌明国粹，融化新知"八个大字，更是整个宗旨的精髓与灵魂，是他们几十年苦苦求索的结果。

鸦片战争以来，西方列强挟其船坚炮利的技术优势，入侵中国，蚕食鲸吞，亡国灭种之祸就在眼前。先进的中国人，为了救亡图存，发现中国不仅技术落后，更重要的是文化落后。在西学东渐的狂潮中，如何学习西方，在中国知识界引起了一场激烈的旷日持久的争论。顽固派只承认技术落后，不承认文化落后，因而有"中学为体，西学为用"之说。自由派则认为中国事事不如西方，处处不如西方，因而有"全盘西化"之议。吴宓与学衡派诸公则不一样，他们国学功底厚实，对中国文化了解透彻，又长期在国外留学，对西方文化知之甚深。他们主张"会通中西，熔铸新旧"，打破中西新旧的界限，以世界性的眼光，从中国文化走向西方文化，又由西方文化回到中国文化，得出"东西文化，殊途同归"的结论。他们对中国文化、西方文化既不全盘肯定，也不全盘否定，而是取其所长，避其所短，使二者结合、互补，最终合二为一。因此，他们特别批评当时的某些倡导者，不辨好坏，照搬西方文化，破除中国传统文化，给国家、民族带来了损失。

吴宓和学衡派诸公有这样明确的认识，是经过长期摸索与思考出来的。早在 1915 年 2 月，吴宓即认识到："晚近学者，于中国古昔圣贤言论，以及种种事理，多好下新解说，而旧学深邃之士，则诋斥之不遗余力。新旧对峙，无从判决。窃谓时至今日，学说理解，非适合世界现势，不足促国民之进步；尽弃旧物，又失其国性之凭依。唯一两全调和之法，即于旧学说另下新理解，以期有裨实是。然此等事业，非能洞悉世界趋势，与中国学术思潮之本源者，不可妄为。"（1915年2月15日日记）

就在这年冬季，吴宓、汤用彤在清华组织"天人学会"。吴宓在1916年写给挚友吴芳吉的信中说："宓自昨冬以来，联合知友，组织一会，名曰'天人学会'。此会用意，即欲得若干性情德智学术事功之朋友，相助相慰，谊若兄弟，以共行其所志……会之大旨，除共事牺牲，益国益群而外，则欲融合新旧，撷精立极，造成一种学说，以影响社会，改良群治。"（《吴宓诗集·空轩诗话》）"天人学会"的"大旨"核心之处为"融合新旧，撷精立极"，而《学衡》的宗旨是"昌明国粹，融化新知"，正是"天人学会"大旨的延伸与发展。可见《学衡》杂志办刊宗旨酝酿已久，绝非一日之功。

四、《学衡》的高级作者群

据北京师范大学中文系王泉根教授统计，《学衡》共出 79 期，作者共 108 人（《文苑》《杂掇》《附录》三栏不计），"按发表作品篇次多少顺序依次为：柳诒徵（55 篇次）、吴宓（42）、缪凤林（24）、景昌极（23）、王国维（20）、胡先骕（18）、张荫麟（14）、刘永济（12）、林损（12）、汤用彤（8）、郭斌龢（8）、刘伯明（7）、孙德谦（7）、徐震堮（6）、梅光迪（5）、吴芳吉（4）、胡稷成（4）、王恩洋（4）、李思纯（3）、陈柱（3）、刘朴（3）、叶玉森（3）、杨成能（3）"（《第一届吴宓学术讨论会论文选集》）。

这 23 名撰稿人，可以说是《学衡》的中坚。他们之中，除三人不详外，其余 20 人中留美、英、法、日等国者 11 人，其中出身清华、留学美国者 6 人，留学哈佛大学而又推崇白璧德新人文主义者 5 人。此 5 人即吴宓、胡先骕、汤用彤、郭斌龢、梅光迪，也是《学衡》杂志，亦即学衡派的核心力量。其余撰稿人或为东南大学同事，或为清华大学同事或同学。23 人中大师级学者简介如下：

王国维（1877—1927），浙江海宁人，早年研究哲学、文学，1907 年起任学部图书局编辑，从事中国戏曲史和词曲的研究，著有《宋元戏曲史》《人间词话》等，晚年致力于甲骨文、金文和汉晋简牍的考释，主张以地下史料参订文献史料，对史学界颇有影响。1925 年任清华国学研究院导师，1927 年自沉于北京颐和园。

柳诒徵（1880—1956），江苏镇江人，1901年，在南京江楚编译局，编辑教科书，多次东渡日本。1916年起，先后任南京高师、东南大学、中央大学历史系系主任、教授，1948年当选中央研究院院士，著有《中国文化史》《东洋史讲义》，流传久远，享誉至今。

刘伯明（1887—1923），江苏南京人，美国西北大学哲学博士，历任金陵大学国文部主任、南京高师文史地部主任、东南大学副校长兼文理科主任，1923年代理校长，同年11月病逝。

胡先骕（1894—1968），江西新建人，北大预科毕业，1912年留学美国，归国后任南京高师教授，后又入哈佛大学研究植物分类学，获博士学位。历任东南大学、北京大学、北京师范大学教授，1940年任中正大学校长，1948年当选中央研究院院士。

其他如吴宓、汤用彤、梅光迪等，都是学术大师，这里不再赘述。

五、《学衡》之昌明国粹

《学衡》办刊11年，出刊79期，核心始终是总编辑吴宓。它有一批固定的学人作者，也有一批固定的读者群众。这种一贯性和稳定性，在20世纪20至30年代刊物众多、变化无常的情况下，实属罕见。究其原因是因为《学衡》的整体内容适应了当时文化界的要求。

它刊登了许多高质量、高水平的研究国学的论文。突出的如柳诒徵的《中国文化史》，从第 46 期开始连载，至第 72 期登完，计 68 章 45 万字。第一编上古文化史（23 章），第二编中古文化史（26 章），第三编近世文化史（19 章），对我国上下几千年文化的发展，作了系统深入的研究，对弘扬传统优秀文化，起了暮鼓晨钟的作用，当时即引起强烈反响。1988 年又由中国大百科全书出版社出版，可见这本书的学术价值之高。再如王国维的《最近二三十年中中国新发见之学问》《中国历史之尺度》《莽量考》等，在古代史、金石考古、边疆史、敦煌文物等方面，均有深刻的论述与独到的见解。其他如刘永济的《中国文学史纲要》《中国文学通论》，唐文治的《孟子大义》，陆懋德的《中国文化史》（连载），袁同礼的《永乐大典考》，特别是汤用彤的《评近人文化之研究》《佛教上座部九心轮略释》《印度哲学之起源》《释迦时代之外道》《唐太宗与佛教》等，都是中国学术界不可多得的上乘之作。

它扶植了一批国学后继之才，为弘扬中国传统文化培养了新生力量。如缪凤林、向达、景昌极等，他们当时都是东南大学的学生，却写出了《阐性》《历史之意义与研究》（缪凤林），《龟兹苏祇婆琵琶七调考原》（向达），《文学与玄学》（景昌极）等论文。缪凤林 1928 年即在中央大学史学系任教授，向达则在北京大学、西南联大任教授，景昌极历任东北大学、中央大学教授。他们的成就，当然主要靠自己的努力，但吴宓等学衡派前辈的扶持，也是相当重要的。据北京大学哲学系教授周辅成说："学生们的著作稿，特别是翻译稿，吴先生总是要经过文字上的润色，改动百分之二三十，以至百分之六七十，然后付印。其认真竟至于如此。"（《第一届吴宓学术讨论会论文选集》）

它刊登了一些思想健康、艺术性强的文言诗词，为古典诗作探索新路。《学衡》辟有《诗录》栏目，先后刊登古体诗 2883 首，作者有陈寅恪、王国维、胡先骕、刘永济、柳诒徵、吴宓、吴芳吉等。新中国成立后，爱好并写作古体诗的人很多，可见古体诗仍有强大的生命力。《学衡》杂志在继承和发展古体诗上，确实功不可没。

最后，谈到《学衡》在昌明国粹上的贡献，不可不提《学衡》在改革文言文上所起的作用。《学衡》发表的学术论文，用的全是文言文。由于吴宓从少年时期起就爱读《新民丛报》，对梁任公"倾佩甚至"，也极大地影响了他的写作。他不仅自己写，而且鼓励《学衡》诸多作者学习梁启超那种感情奔放、流利畅达、挥洒自如、明白如话的文言文散文，使文言文佶屈聱牙、晦涩难懂的毛病有所克服。今天某些老前辈仍喜用文言文写作，特别是书信，据说有严肃、郑重、言简意赅、表达谦逊感情的优点。《学衡》坚持用文言文，并加以改进，使其适应当代人生活的需要，应该说是一大功绩。

六、《学衡》之融化新知

学衡派与复古派、守旧派最大的不同在于：前者在精通国学的同时，由于长期在海外留学，熟悉西方文化、西方文学，并热衷于借鉴和引介。他们将西方的新思想、新方法、新知识融入中国文化之中，为建设中华民族新文化而努力。

他们不遗余力地介绍古希腊罗马文化。《学衡》发表的有关希腊文化的译著有 17 种（篇），包括吴宓最爱读的《柏拉图语录》（景昌极、郭斌和译），向达、夏崇璞合译的《亚里士多德伦理学》，汤用彤译《亚里士多德哲学大纲》《希腊之宗教》，吴宓译《希腊对于世界将来之价值》《希腊文学史》，这都是开风气之先之作。

他们精选西方作家作品加以引进。介绍的作家有莎士比亚、但丁、歌德、兰姆、雨果、安诺德、爱伦坡、拜伦、雪莱、罗色蒂、济慈、萨克雷、伏尔泰等文学泰斗。1928年 9 月的第 65 期，还登出《1928 年西洋文学名人纪念汇编》，以专栏形式，集中地介绍这一年去世的名作家或名作家生辰纪念，如英国小说家哈代、西班牙小说家易班乃士逝世，挪威剧作家易卜生、英国诗人罗色蒂、俄国文豪托尔斯泰诞生百年纪念等。

吴宓写出了《诗学总论》《希腊文学史》《但丁神曲通论》（译）、《论安诺德之诗》《论罗色蒂女士之诗》等重要著作。为满足青年人学习西方文学的渴求，吴宓先后发表了《西洋文学精要书目》《西洋文学入门必读书》等。后者共15卷60种，包括《世界文学史》《各国文学史》《希腊文学名著》《罗马文学名著》《中世纪文学名著》，以及英、德、法、俄、美、西等国文学名著。

《学衡》特别注意比较文化与比较文学的研究。吴宓将苏格拉底与孔子作比较。《学衡》创刊号将二人的画像并列，第48期《苏格拉底像赞》中明确地把二人相提并论，中有"东圣西圣，此理此心，师表万稷，一体同尊"之句。至于《学衡》特别是吴宓在比较文学研究方面的业绩，下面有专文详加介绍，这里不再赘述。

七、鲁迅的《估〈学衡〉》

1922年初，《学衡》第一期问世不久，鲁迅先生写了一篇短文《估〈学衡〉》，刊于2月9日的《北京晨报》，对其予以批评。

　　这本是学术界一件极普通极正常的事，没想到自 20 世纪 50 年代起，直至"文化大革命"，给吴宓和学衡派诸公带来了麻烦甚至苦难。

　　鲁迅那篇文章主要是针对胡先骕的《评〈尝试集〉》与《浙江采集植物游记》、邵祖平的《记白鹿洞谈虎》与《渔丈人行》、梅光迪的《评提倡新文化者》等几篇文章在遣词造句方面的错误，作了尖锐的批评。《学衡》对新文化运动的不同看法，该文着墨不多，只点了一下。文中未涉及吴宓，也不清楚当时吴宓作何反应或是否有反应。只是在《自编年谱》1922 年中吴宓写道："鲁迅先生于 1922 年 2 月 9 日，作《估〈学衡〉》一文，甚短，专就第一期立论，谓：第一期《学衡》'文苑'门，所登录之古文、诗、词，皆邵祖平一人所作，实甚陋劣，不足为全中国文士、诗人以及学子之模范者也！"可见吴宓是接受鲁迅的批评的。

　　事情本来就这样过去了。但在新中国成立后出版的《鲁迅全集》中，有人对《估〈学衡〉》一文作了这么一条注释："《学衡》月刊，1922 年 1 月创刊于南京，吴宓主编。主要撰稿人有梅光迪、胡先骕等。他们标榜'昌明国粹，融化新知，以中正之眼光，行批评之职事'（《学衡》杂志简章），实际是宣传复古主义和折衷主义，反对新文化运动。"话语不长，但帽子颇大，在那个特殊年代里，吴宓和学衡派诸公也因此不断检讨。"文化大革命"期间，有些人

（包括吴宓）还为此受皮肉之苦。

更荒谬的是，以后几乎所有涉及这一公案的现代文学史著作、大学教科书、某些文章均据此给《学衡》下断语。拨乱反正以来，经过学术界同仁深入系统地研究，得出的结论是：《学衡》为弘扬中国传统文化，促进中西文化交流，建设中华民族新文化做出了显著的贡献，这是历史所昭示的，也是颠扑不破的。

季羡林先生说得好："五四运动，其功决不可泯。但是主张有些过激，不够全面，也是事实，而且是不可避免的……五四运动在基本上正确的情况下，偏颇之处也是不少的，甚至是相当严重的。主张打倒孔家店，对中国旧文化不分青红皂白一律扬弃，当时得到青年们的拥护。这与以后的'文化大革命'确有相通之处，其错误是显而易见的。雨僧先生（吴宓）当时挺身而出，反对这种偏颇，有什么不对？他热爱祖国，热爱祖国文化，但并不拒绝吸收外国文化的精华。只因他从来不会见风使舵，因而被不明真相者或所见不广者视为顽固，视为逆历史潮流而动。这真是天大的冤枉。"（《第一届吴宓学术讨论会论文选集·序》）难道不是这样吗？

国学高级人才的摇篮

　　1925 年，在国学衰败的情况下，以研究"中国学术文化之全体"（吴宓语）的清华国学研究院，在清华园成立。它存在的时间虽然不长，但却发出了耀眼的光辉，引起了世人的瞩目。

　　一个留美预备学校，高度重视西方文化与西方语言文字，怎么在这个时候办起一个国学研究机构呢？

　　吴宓在清华国学研究院开学典礼上，有个题为"清华开办研究院之旨趣及经过"的讲话，对此作了回答。他以研究院主任的身份说："曹校长之意，约分三层：（一）值兹新旧递嬗之际，国人对于西方文化，宜有精深之研究，然后可以采择适当，融化无碍；（二）中国固有文化之各方面（如政治、经济、哲学），须有通彻之了解，然后今日国计民生，种种重要问题，方可迎刃而解，措置咸宜；（三）为达上言之二目的，必须有高深学术机关，为大学毕业及学问已有根柢者进修之地，且不必远赴欧美多耗资财，所学且与国情隔阂。此即本校设立研究院之初意。"（《会通派如是说》）国学研究院并不是复古倒退，钻故纸堆，而是深入研究西学，通彻了解中学，并使二者结合，创造出真正的新学来。

要办好这样一个新型的研究机构，首要的条件是师资。清华老校长梅贻琦有一句办学名言："所谓大学者，非谓有大楼之谓也，有大师之谓也。"这种"大师论"，与吴宓的看法一致。事实上，在梅来清华之前5年，吴宓主持国学研究院时，他就有了这种想法。本来，曹校长一开始想请王国维任院长，王以"院长须总理院中大小事宜"，委婉拒绝了，只担任专职导师。后来曹校长与吴宓商量，吴宓也不愿担任院长，但是愿当主任（即冯友兰先生所说的"执行秘书"）。吴就任后，千方百计敦聘名师，他在《年谱》中是这样记载的："宓持清华曹云祥校长聘书，恭谒王国维先生，在厅堂向上行三鞠躬礼。王先生事后语人，彼认为来者必系西服革履、握手对坐之少年，至是乃知不同，乃决就聘。后又谒梁启超先生。梁先生极乐意前来。"可以想到，吴宓拜访梁启超时一定也是三鞠躬。这种尊师重教、礼贤下士的精神，怎能不感动两位大师呢？请赵元任时比较顺利，但请陈寅恪则比较费事。总之，正如冯友兰先生所说："雨僧一生，一大贡献是负责筹备建立清华国学研究院，并难得地把王、梁、陈、赵四个人都请到清华任导师。"冯还说："他（指吴宓）本可以自任院长的，但只承认是'执行秘书'。这种情况是很少有的，很难得的！"四位导师国学造诣博大精深，且均精通西学，一同在清华任教，可谓人才济济，国学研究院怎能不名扬海内外？

吴宓又着手制定研究院章程，明确办院方针。《章程》前有"缘起"，畅谈办院的必要性与重要性，他说："学问者一无穷之事业也。其在人类，则与人类相终始；在国民，则与一国相终始；在个人，则与其一身相终始。今之施高等教育专门教育者，不过与以必要之预备，示以未来之途径，使之他日得以深造而已。故东西各国大学，于本科之上更设大学院。"以上是一般意义上谈，接着他又结合中国实际说："良以中国经籍，自汉迄今，注释略具，然因材料之未备与方法之未密，不得不有待于后人之补正；又近世所出古代史料，至为夥颐，亦尚待会通细密之研究。其他人事方面，如历代生活之情状，言语之变迁，道德、政治、宗教、学艺之盛衰，自然方面，如川河之迁徙，动植物名实之繁颐，前人虽有记录，无不需专门分类之研究。"以上是昌明国粹，下面再说融化新知："至于欧洲学术，新自西来，凡哲理文史诸学，非有精深比较之考究，不足以挹其菁华而定其取舍。

要之，学者必致其曲，复观其通，然后足当指导社会昌明文化之任。然此种事业，终非个人及寻常学校之力所能成就，此研究院之设所以不可缓也。"最后，他总结道："本校有鉴于此，因念大学院之成立尚需四五年，乃设立研究院，先开办国学一门，延名师，拓精舍，招海内成学之士……"这就把成立清华国学研究院的起因说得清楚明白了。

《章程》还围绕宗旨、组织、科目、教授及讲师、学员、研究方法六大方面，逐一作了具体解说及明确规定，让全院上下遵循。(《会通派如是说》)

此外，《章程》还规定《研究院各教授指导之学科范围》：

王国维　经学：(一)书，(二)诗，(三)礼；小学：(一)训诂，(二)古文字学，(三)古韵；上古史；中国文学。

梁启超　诸子、中国佛学史、宋元明学术史、清代学术史、中国文学。

赵元任　现代方言学、中国音韵学、普通语言学。

陈寅恪　年历学、古代碑志与外族有关系者之研究、摩尼教经典回纥译文之研究、佛教经典各种文字译本之比较研究、蒙古满洲书籍及碑志与历史有关系者之研究。(《清华周刊》1925年9月18日第351期)

同年4至7月，经过严格考试，国学研究院录取新生

32 名，日后成为国学知名学者的有吴其昌、刘盼遂、徐中舒、高亨、姚名达、孔德等多人。1926 年，第二届又招收新生 36 名，成为知名学者的有谢国桢、刘节、陆侃如、王力、姜亮夫等。

清华国学研究院存在的时间虽然只有短短 4 年，但其意义极其重大，它创造了国学高层次研究、培养国学高级人才的完整经验，培养了一批中西会通、古今会通的国学人才。以后他们分散至一些科研机构、高等院校，像种子一样，落地、生根、发芽、开花、结果，再培养出更多的国学人才，如此循环往复，使我国国学整体水平有了极大的提高，吴宓的辛劳是没有白费的。我们甚至可以说，如果没有清华国学研究院，没有它培养出的一大批超高质量、超高水平的国学专家，以及这些专家的再传弟子，今天整个中国的国学水平，可能不是我们现在见到的这个样子。为此，我们应该庆幸，应该感激吴宓。

痛悼王国维

　　王国维（1877—1927），字静安，号观堂，浙江海宁人，清朝秀才。1900年赴日留学。1903年起任南通师范学堂教习，讲授心理、伦理、哲学。1907年起，任学部图书局编辑，从事中国戏曲史和词曲研究，著有《曲录》《宋元戏曲史》等。辛亥革命后，以清朝遗老自居，从1913年起，王国维主要从事中国古代史料、古器物、古文字学研究，成果颇丰。1925年清华大学成立国学研究院，曹校长本欲聘王国维任院长，王国维不愿意，只愿意担任教授，任经史小学导师，讲授《古史新证》《尚书》《仪礼》《说文》等课，于是校方改聘吴宓为研究院主任。从此，吴宓同王国维结下了深厚的情谊。

　　王国维是一代国学大师，他常在吴宓主编的《学衡》

杂志上发表文章，其中最有影响的是《最近二三十年中中国新发见之学问》《中国历史之尺度》《莽量考》等论文。吴宓常到王国维家畅谈宴饮，关系十分融洽。

1927 年 6 月 2 日，农历五月初三，王国维溘然自沉于颐和园排云殿前昆明湖中，消息传来，学界震惊。吴宓在他的日记中详细记载了当时的情景：

> 晚饭后，陈寅恪在此闲谈。赵万里来，寻觅王静安（国维）先生。以王先生晨出，至今未归，家人惊疑故也。宓以王先生独赴颐和园，恐即效屈灵均故事。已而侯厚培来报，知王先生已于今日上午十时至十一时之间，投颐和园之昆明湖中自尽。痛哉！
>
> 晚，赴陈寅恪宅，而研究院学生纷纷来见，谈王先生事。
>
> 晚九时，偕寅恪，及校长、教务长、研究院教授、学生三十余人，共乘二汽车，至颐和园，欲抚视王先生尸。而守门者承驻军某连长之命，坚不肯开门。再四交涉，候一小时余，始允校长、教务长及乌守卫长三人入内。宓乃偕余众乘汽车归校。电灯犹未息，已夜十二时矣。

吴宓对王国维的自尽评价相当高，他认为王国维是

"尽节"，是忠义之士，他在当日的日记中这样评价王国维之死："王先生此次舍身，其为殉清室无疑。大节孤忠，与梁公巨川同一旨趣，若谓虑一身安危，惧为党军或学生所辱，犹为未能知王先生者。盖旬日前，王先生曾与寅恪在宓室中商避难事。宓劝其暑假中独游日本。寅恪劝其移家入京居住，己身亦不必出京。王先生言'我不能走'。一身旅资，才数百元，区区之数，友朋与学校，均可凑集。其云我不能走者，必非缘于经费无着可知也。今王先生既尽节矣，悠悠之口，讥诋责难，或妄相推测，亦只可任之而已，若夫我辈素主维持中国礼教，对于王先生之弃世，只有敬服哀悼已耳。"

在 1927 年 6 月 3 日的日记中，吴宓详细记叙了给王国维处理后事的情况：

> 晨起料理杂务，柳公来书，不受请清华之聘。聘书退还。
>
> 十时见梅教务长。又至寅恪宅中，遇梁任公等，谈王静安先生事。知其昨日就义，至为从容。故家人友朋，事前毫无疑虑。旋同梁任公等同见校长，为王先生请恤金事。
>
> 宓未就座，独先出，遇研究院学生吴其昌等二十余人于校门外，遂同步行至颐和园。在门外久坐，候

众均到，乃入。至排云殿西之鱼藻轩，此即王先生投湖水尽节之所。王先生遗体卧砖地上，覆以破污之芦席。揭席瞻视，衣裳面色如生，至为凄惨。已而清华研究院及大学部学生三四十人，及家族友好，均来集……

宓思前年来京，清华学校命宓迎请王先生到此讲学。今甫二载，而送王先生之灵榇至此庙中。宓始终襄随其间，亦云惨矣。宓又思宓年已及王先生之三分之二，而学不及先生十之一。王先生忠事清室，宓之身世境遇不同。然宓固愿以维持中国文化道德礼教之精神为己任者，今敢誓于王先生之灵，他年苟不能实行所志，而淟忍以没；或为中国文化道德礼教之敌所逼迫，义无苟全者，则必当效王先生之行事，从容就死。惟王先生实冥鉴之。十一时，偕众归校。

在检查王国维遗体时，从王国维的内衣袋中找到一封遗嘱，王国维托陈寅恪、吴宓处理他的书籍，吴宓以此引为大荣。他在日记中写道："王先生命宓与寅恪整理其书籍，实宓之大荣矣。"返回学校后吴宓在睡前撰成敬挽王先生联如下：

离宫犹是前朝，主辱臣忧，汨罗异代沉屈子。

浩劫正逢此日，人亡国瘁，海宇同声哭郑君。

吴宓对王国维一生予以极高评价，尤其对他自杀的动机评价得相当高。但王国维的死，在当时社会引起种种失实的推测，甚至有些诋毁一代大师的言论，为了让大家了解真相，理解王国维，吴宓于 1927 年 6 月 5 日给北京《顺天时报》总编辑写了一封信，"详述王先生死节情形，意在改正其新闻之错误"。1927 年 6 月 6 日《顺天时报》刊登了吴宓的《王国维在颐和园投河自尽之详情》的文章，详细介绍了王国维自尽前后的情形，并附录了王国维遗书，维护了王国维一代国学大师的声誉。

1928 年 6 月 2 日，王国维逝世一周年，吴宓在他主编的《大公报·文学副刊》和《学衡》上出专刊悼念王国维，自己也写诗怀念。在《空轩诗话·十三》中写道：

王静安先生（国维）自沉前数日，为门人（谢国桢，字刚主）书扇诗七律四首，一时竞相研诵。四首中，二首为唐韩偓（致尧）之诗。余二首则闽侯陈弢庵太傅宝琛之《前落花诗》也。兹以落花明示王先生殉身之志。为宓《落花诗》之所托兴。

就在王国维逝世一周年之时，吴宓写了 8 首《落花诗》，他在诗前的序中说："古今人所为落花诗，盖皆感伤身世，其所怀抱之理想、爱好之事物，以时衰俗变，悉为潮流卷荡以去，不可复睹，乃假春残花落，致其依恋之情。近读王静安先生临殁书扇诗，由是兴感，遂以成咏，亦自道其志而已。"当天他又写了《六月二日作落花诗成复赋此律时为王静安先生投身昆明湖一周年之期也》：

> 心事落花寄，谁能识此情？
> 非关思绮靡，终是意凄清。
> 叹凤嗟尼父，投湘吊屈平。
> 滔滔流世运，凄断杜鹃声。

　　1929 年 6 月 2 日，吴宓又写下《王静安先生逝世二周年》诗，以表对王国维的深深怀念之情：

> 悼公咏落花，倏忽一年事。
> 大化常迁流，夏去春又至。
> 长眠得所乐，世渐忘公志。
> 新会人中杰，袖手随公去。
> 哀时泪纷纷，地下可相值。
> ……

吴宓自注"未完",但能看出他对一代国学大师王国维的崇敬、怀念之情，正根植于吴宓对中华文化的钟爱，也表现出吴宓先生的君子风范。王国维的学术成就随着时间的推移越来越显示出他对中国文化研究领域的开拓性价值，吴宓对他的追悼、弘扬，表现出吴宓对文化的敏锐感悟力。当我们回顾 20 世纪中国文化的大趋势时，我们不能不赞叹吴宓、陈寅恪等一代大师对保护中华文化所做的贡献。

吴宓对王国维的悼念，正是君子之交，"惺惺惜惺惺"的范例，是 20 世纪 20 年代文化界的佳话，值得我们今天学习、效仿。

"博雅之士"的教育范式

1928年，清华大学外文系成立，吴宓主持工作，负责确定办系方针、培养目标和课程设置。他参考美国哈佛大学比较文学系的经验，提出了培养"博雅"之士的方案，并身体力行，付诸实践，取得了颇为引人注目的成就，在中国教育史、学术史上留下光辉的一页。

"博雅"教育是多么崇高的理想啊！这种教育范式不仅是办学的宗旨，而且也是一种风格、一种体系。"博"是一种学术境界，"雅"是一种思想境界，"博雅"全面结合，是人文精神的教育，也是人文素质的培养。"博雅"之士的目标浓缩了吴宓整个教育思想。这种"博雅"教育思想，在创办清华国学研究院时已初见端倪，至此趋于成熟。吴宓为之奋斗终生，倾注了全部心血。

根据培养"博雅"之士的方案，吴宓提出了"课程总则"三条如下：

（一）本系课程之目的，为使学生得能：（甲）成为博雅之士；（乙）了解西洋文明之精神；（丙）造就国内所需要之精通外国语文人才；（丁）创造今世之中国文学；（戊）会通东西之精神思想而互为介绍传布。

（二）本系课程之编制，本于二种原则，同时并用：其一则研究西洋文学之全体，以求一贯之博通；其二，专治一国之语言文字及文学，而为局部之深造。……

（三）文学而外，语言文字之研究特为注重，普通功课皆以英文讲授，而选修德、法文者，在本系须续修4年，以得专长，而求实效。

（《会通派如是说》）

这些大原则注重的是中西文化的会通，新旧文化的熔铸，而不是二者的对立，更不是你死我活，有你无我，而是你中有我，我中有你，所以应该"互为介绍传布"。除了中西会通、古今会通，吴宓还注意文理会通。清华大学外文系一年级总学分为30分或28分，除国文占6学分、英文占8学分外，逻辑、高等数学或微积分（择一）占6学分

或 8 学分，普通物理、普通化学、普通地质学或普通生物学
（择一）占 8 学分。值得注意的是，吴宓特别强调外文系学
生要有深厚的中国文学根基：

"本系对学生选修他系之学科，特重中国文学系，盖中
国文学与西洋文学关系至密。本系学生毕业后，其任教员，
或作高深之专门研究者，固有其人；而若个人目的在于:（1）
创造中国之新文学，以西洋文学为源泉为圭臬；或（2）编
译书籍，以西洋之文明精神及其文艺思想，介绍传布于中
国；又或（3）以西文著述，而传布中国之文明精神及文艺
于西洋，则中国文学史学之知识修养均不可不丰厚。故本系
注重与中国文学系相辅以行者可也。"（《会通派如是说》）
这里突出的仍然是中西结合、中西互补、中西会通。如前面
谈过的，作为留美预备学校的清华率先举办国学研究院，重
视对西方文化作精深的研究，与外文系特别重视中国文化与
中国文学，都是一脉相承的。

1990 年 7 月，笔者与北京大学英语系主任、吴宓的及
门弟子、外国文学大师李赋宁教授，西安外院孙天义教授一
起，主持召开了"第一届吴宓学术讨论会"。会后，陪同李
赋宁去西安外院，给学生做学术演讲，介绍吴宓当年在清华
外文系实施"博雅"教育的经验。会上鸦雀无声，学生全
神贯注。当李先生讲到他在清华外文系念书时，给自己教中
国语文的是朱自清，礼堂内爆发出巨大的一声"呀"以后，

接着是热烈的掌声和啧啧的羡慕声。现在的学生对朱自清虽然知之不多，但《背影》《荷塘月色》《桨声灯影里的秦淮河》是学过的，他们怎能不发自内心地倾佩吴宓的远见卓识，羡慕李先生上大学时，有那么好的中文老师呢？

清华外文系的严格是出了名的。如一年级的"大一英文"一般由有经验的教师用英文讲授，课堂提问计入平时成绩，每周有作文，老师认真批改。课本内容深，教学进度快。高年级各门课均有大量的课外指定读物，不仔细看完，无法听课。毕业标准也极严，以研究部为例，从1929年起，每年招2至3名研究生，直到1935年，仅田德望一人毕业。从1929年至1937年，八年之内，仅三人毕业。

北京大学李赋宁教授这样评价作为教育家的吴宓，认为他的最大贡献是："使我国的外国语言文学的教学和科研走上了全面、系统、严格、科学的道路，纠正了支离、片面、空洞、肤浅、兴趣主义和印象主义的偏差和缺点，造就了一批又一批的西方语言和文学的专门人才。"（《第一届吴宓学术讨论会论文选集》）更为重要的是，培养出一些堪称"国宝"的外国语言文学大师。英语方面如钱钟书、曹禺、王佐良、许国璋、杨周翰、李赋宁；德语方面如季羡林、杨业治、陈铨；法语方面如吴达元、盛澄华；希腊文方面如罗念生等。我们还不可忘记，吴宓在东南大学任教时，还造就了吕叔湘、向达、浦江清等人，他们在语言学、史学、中国古典文学方面贡献之大是有目共睹的。总之，近半个世纪以来，在中国外国语言文学界执牛耳者，很多出自清华外文系，出自吴宓先生门下，他们都是真正的博雅之士。人们常说，清华之于中国，犹如牛津、剑桥之于英国，哈佛、耶鲁之于美国，功不可没！这"功"里也流着吴宓的血和汗。

"我是吴宓教授!"

"教授",这是一个何等崇高、荣耀、令人肃然起敬的称号。人们谈起教授二字,脑子里便浮现出有德有才有学有识的人物形象,他们传道、授业、解惑的功绩令人赞叹不已。

终其一生,吴宓只从事一项事业——教书,也只有一个头衔——教授。那是 1919 年,吴宓正在美国哈佛大学比较文学系上学,中国教育部所派"美国教育考察团",由团长教育部代理总长袁希涛、副团长北京高等师范学校校长陈宝泉率领,来哈佛大学所在地波士顿访问。经人介绍,陈校长约见了吴宓,表达了敬佩之情,并说他们学校英语科将办研究部,当即给出聘书,请吴宓任主任教授,月薪 300 元整。这一年,吴宓刚好 25 岁。到 1921 年,吴宓学成,准备回国，忽然接到挚友梅光迪从南京高等师范学校即国立东南大学的来信，谈到在该校任英语及英国文学教授，颇为志得意满。又说副校长兼文理科主任刘伯明希望他在美国的同学、知交能到东南大学来，作为他们发展理想事业的地方，现商定拟聘吴宓为英语及英国文学教授，月薪160元整，希望吴宓辞去北京高等师范学校的职务，来南京聚首。梅光迪也知道，北京高等师范学校月薪300元，相差140元之多。梅光迪信中说："兄（指吴宓）素能为理想与道德，作勇敢之牺牲，此其时矣！"吴宓接此信后，"略一沉思"，即到邮局发出两通电报，一封致北京高等师范学校辞聘，一封致南京高等师范学校就聘。这年夏季，吴宓回国抵达南京，9月，东南大学开学，吴宓在英语系上课。27岁的吴宓，从此即以教授身份，出现于世人面前，开创他宏伟的事业。

自此以后，有关"我是吴宓教授"的故事颇多，有的令人喜，有的令人忧，更有的则令人悲。

那是1925年，吴宓重返清华园，服务母校。起先担任国学研究院主任，后主持外文系工作，又兼任《学衡》杂志总编辑、《大公报·文学副刊》主编，可以说是名声大噪。有人写信给他，表达景仰之意，苦于不知道他的详细地址，干脆在信封上写"北平吴宓教授启"，当邮政人员将信送交吴宓时，他颇为开心。"我是吴宓教授"常被他提起。这句话只是表明自己举世公认的身份，毫无自夸自大之意。

抗日战争期间，吴宓辗转到西南联大，有一天深夜，他走在昆明街道上，受到值勤哨兵的盘问，吴宓答道："我是泾阳吴宓教授！"说也奇怪，这句话如同特殊通行证似的，哨兵竟然马上放行，未加阻拦。

1942年，由于学术成就突出，当时的教育部授予吴宓"部聘教授"的光荣称号。据说他对此事的态度是："其实部聘教授也没什么了不起，但我感到荣幸的是与陈寅恪、汤用彤两位先生同时被聘。"部聘教授享受特殊津贴，接受教育部委托的审定学术成果等任务，其行踪须由所在大学随时报部备查。吴宓则希望"以部聘教授资格，在各大学巡回游行。每校留教一、半年，专讲宓所擅长之科目，以客卿自处，不涉校政，少触人事，固宓之所最乐为者矣"（1946年9月8日日记）。由于种种原因，这个愿望未能实现，成为吴宓终身憾事。

1948年夏，吴宓任武汉大学外文系主任。驻汉口的法国领事派仆役到珞珈山，给吴宓送请柬，邀他赴宴。当时吴宓正与两位客人谈话，这个仆役仗洋人之势，把门敲得砰砰直响，吆喝着："哪个是姓吴的，出来接东西，我是法国领事派来的！"吴宓被激怒，拿手杖在桌子上啪地打了一下，发出重重的响声，然后举杖走向来人，说："我要打你！"又斥责道，"去告诉你们领事，叫他明天来给我赔礼道歉，因为他手下的人没有规矩。""你就说我打了你，我是吴宓教授！"这番话掷地有声，吓得来人抱头鼠窜。此事不胫而走，传遍武汉三镇，后来越传越神，甚至失真，最后甚至有人传言洋人惹恼了吴宓教授，挨了吴宓两拐杖，还赔礼道歉的说法。

"文化大革命"期间，吴宓被打成"资产阶级反动学术权威"，受尽磨难。后又因反对批孔，被打成"现行反革命"，可谓九死一生。1976年，时年82岁的吴宓，身患重病，被迫退休，无处安身，也无人过问。胞妹吴须曼由西安来重庆，从西南师大接吴宓回陕西泾阳，住租来的简陋民房里。后来吴宓病情急剧恶化，终至不起，弥留之际，仍疾声呼叫："我是吴宓教授，给我开灯！""我是吴宓教授，我要喝水！"……声声凄厉，令人惨不忍闻。这令人熟悉的"我是吴宓教授"一语，竟成了送终的挽歌。一代学人，晚景如此悲凉，多么令人悲痛！

吴宓自27岁起任教授，到84岁辞世，前后共57年。这57年，吴宓有过辉煌，有过失落，更有过苦难。教授曾是他的尊称，也给他带来过不幸。今天，"文化大革命"已成历史，雨过天晴，人们再来审视"教授"二字，却别有深意。在从前，它是何等荣耀，"我是吴宓教授"又是何等铿锵有力，震人心弦，充满了自尊与自信！

中国比较文学的拓荒者

近20年来，新兴学科比较文学在中国复活，成为一门显学。人们感念吴宓当年筚路蓝缕开拓中国比较文学研究之功，纷纷撰文纪念他，有称他为先驱的，有称他为奠基人的，更有人尊之为"中国比较文学之父"。总之，肯定他作为开拓者的功绩。

事实上也正是如此。吴宓对中国比较文学的学科建设，有其他人所不可比拟、不可替代的"三个第一"：在国外系统学习新兴学科比较文学的理论与研究方法，并引入中国，他是第一人；用外国比较文学理论与方法，研究中国古典文学名著，他是第一人；在中国高等学校开设比较文学课程，指导学生学习，他也是第一人。下面逐一作较详细的说明。

首先，吴宓在美国哈佛大学比较文学系系统地学习比较文学理论和研究方法，并将这一新兴学科引进中国，为中国高等文科教育注入了新鲜血液。他在哈佛，为了解西方文学的全貌，将其纵分为六个时代，然后分期详细研究。即：（1）古代希腊、罗马；（2）中世纪；（3）文艺复兴时期；（4）18 世纪；（5）19 世纪；（6）现代文学。又横分为五种文体，同样分体详细研究。即：（1）小说，近代小说；（2）诗，英国浪漫诗人；（3）戏剧，近代戏剧及莎士比亚；（4）散文；（5）文学批评。这些均与日后吴宓主持清华外文系所开课程，出于同一教育范式。吴宓还有计划地学习了一系列比较文学课程："卢梭及其影响"（白璧德授）、"近世文学批评"（白璧德授）、"19 世纪浪漫主义运动"（白璧德授）、"法国文学批评"（白璧德授）、"18 世纪及 19 世纪各体小说"（B. Perry 授）、"各体戏剧"（G. P. Baker 授）等。

回国后，他先后在东南大学、清华大学、西南联大开设"中西诗文比较""文学与人生""翻译术"等比较文学课程。据中国人民大学茅于美教授回忆，她在西南联大考入清华研究院，攻读硕士学位时，吴宓作为导师，开的课有"雪莱研究""西方文学批评""比较文学"。可以肯定地说，那时在高校开比较文学课的，全中国大概只有吴宓一人。他像古希腊神话中的提坦神（意为"先知"）普罗米修斯把天火送给人类一样，把比较文学知识给予了莘莘学子，给予了中国文学界。

其次，吴宓用源自美国的小说理论，重新解释了中国古典文学名著《红楼梦》。1919 年，他在美国中国学生会的演讲《〈红楼梦〉新谈》，是按哈佛大学麦戈耐迪尔教授"小说杰构六长说"（宗旨正大，范围宽广，结构谨严，事实繁多，情景逼真，人物生动）作为理论武器来分析的。他所持的义理派红学观点，不搞考据索隐、自传说，而注意《红楼梦》的文学价值与美学价值，这一观点便源自比较文学理论。对《红楼梦》中的众多人物，他特别喜欢宝玉与紫鹃。1947 年吴宓到西安讲《红楼梦》时，当时做记录的中文系学生，现为兰州大学外语系教授水天明回忆道："遗憾的是，我的记忆中他那次还专门讲了一次《红楼梦》中的紫鹃，并由我整理了他的旧稿，用'论紫鹃'的题目，送一家报社发表，这个稿子始终没有查到。文章的最后两句话是：'欲知宓者，请视紫鹃！'"（《第一届吴宓学术讨论会论文选集》）是的，紫鹃这样一个心地善良、忠贞不渝、知情达理，为自己敬爱的姑娘献身的少女，确实有着吴宓整个人格的缩影，吴宓以她作为别人打开自己心扉的金钥匙，是完全符合他的性格的。

再次，吴宓先后在东南大学、清华大学、西南联大，开设比较文学课程，首创之功，彪炳后代。吴宓在东南大学开"中西诗之比较"课程、在清华大学开"中西诗文比较"课程，其讲义现已不可得，我们只能从有关著作中看到他的观点。在《希腊文学史》中有《荷马史诗与中国文章比较》，吴宓提出：希腊史诗与中国弹词近似，其共同点达12个之多。主要有：二者的内容同为"英雄儿女"，战争与爱情；同为无名氏的作品，最初无定本，由盲人演出，用一种简单乐器伴奏；以叙述故事为主，语言介乎俗雅之间。因此，他主张用弹词的形式翻译《荷马史诗》。在《诗学总论》中，他比较了中西诗歌的韵律节奏，指出了希腊拉丁诗、英国诗和中国诗三者韵律节奏的异同。他还提出中国新体白话诗是仿效美国的自由诗（Free Verse），而自由诗又受法国象征主义诗歌的影响。

　　一个人一生有幸在这"三个第一"中占上一个，那就很令人欣慰。吴宓却把它们占全了，应该说这是吴宓一生不幸生活中的大幸。吴宓最得意的学生钱钟书在英国留学时，曾有一段话最能说明吴宓在中国比较文学研究中的地位和作用。钱说："我这一代的中国青年从他（指吴宓）那里受益良多。他最先强调了'文学的延续'，倡导欲包括我国'旧'文学于其视野之内的比较文学研究。15年前，中国的实际批评家中只有他一人具备对欧洲文学史的'对照'（Synoptical）的学识。"［1937年3月7日信，载Tien Hsia Monthly Ⅳ：4（April 1937）427］如果把"他一人"视作在中国比较文学研究中又一"第一"，那吴宓就享有四个"第一"了。

诗歌知己，文字因缘

王荫南原是沈阳一家报社的编辑，是一位具有强烈爱国思想的东北青年诗人、作家，九一八事变后流亡北京，积极进行抗日救亡工作。他创作了大量的爱国诗词，但发表的不多。

吴宓也是一位具有强烈爱国思想的诗人，常言道："惺惺惜惺惺。"1933年，一个偶然机会，王荫南通过朋友潘伯鹰（号凫公）介绍，将他的诗作送给吴宓。吴宓此时正兼任天津《大公报·文学副刊》主编，以此为阵地，多刊登抗战诗词，"以鼓舞士气而发扬国魂之佳作鸿文"。因此，吴宓很快将王荫南的《沈变纪事诗》及杂文合为一册，选登于《大公报·文学副刊》，后来又将它汇编为一卷，重新刊登在他所编的《学衡》杂志第79期。吴宓同王荫南的交往纯属因诗文而起，并结为挚友。他谈到初读王荫南诗的感受："宓既读王荫南之诗文，深为惊佩。虽未谋面，已于君之品格及性情气概，洞见无遗矣。"1933 年 6 月的一天，吴宓听说王荫南来到北平，他马上用请柬恭邀王荫南到西长安街大陆春饭庄吃饭，作陪的还有当时知名教授缪钺、贺麟、叶麐诸等知友。吴宓回忆他第一次见到王荫南的印象："君（王荫南）最后至，长身伟岸，布衣健谈，英爽之气逼人。宓于是初见君，深为心倾。后，觉君'粗豪意气陈同甫，慷慨悲歌陆放翁'之句，自状平生最合。"这次见面，王荫南给吴宓留下的印象极为深刻，两人也互引对方为知己。从此以后，二人互赠诗歌，结下了深厚的文字之谊。

　　1933 年 12 月 30 日上午，吴宓正在伏案编辑《大公报·文学副刊》（313 期），忽然收到报社快函："社务会议议决：文学副刊即行停办。"吴宓于是在《大公报·文学副刊》终刊号上发表王荫南《癸酉咏怀诗》50 首，并加编者按语，对王荫南给予高度评价："北辽之王荫南君，为吾国诗界光明楮柱。亡国破家，惟得此以自慰而已。"1935 年 1 月《吴宓诗集》印成出版，吴宓在其诗集附录《空轩诗话》中把王荫南列入第四十六条，并选录《癸酉咏怀诗》10 首。吴宓把诗集赠送给当时在九江、后调往武汉的王荫南。王荫南对《吴宓诗集·空轩诗话》进行了认真研读，并加以评论。吴宓对王荫南的评论非常珍视，特别是王荫南对他的评价，吴宓"视为殊荣"。

> 雨生（僧）仁兄大鉴：大集至浔阳时，值吏事迫琐，匆匆一阅，未及评读，近来尘务稍清，独居无偶，子夜寒灯，再三抽绎，虽燕雀之智未喻天高，而鳞介之伦或窥海大，又见序论附录，足下虚怀若谷，惟求增益……窃谓足下于文学之工作，批评胜于创造，于诗理胜于情。要以得于西人者为多……故弟论诗之主旨，因以民生社稷为极则，然绝不敢摒弃山川女人……天下国家，与诗人合而为一。诗人一身，四气皆备。诗人一身，万物俱托，而当国乱之时，则以秋气为独多，悲歌为独盛……

从以上所摘片语，可以看出王荫南确实是一位很有思想、诗才、精通诗歌理论的诗人，他对诗歌有其独到的见解。在信末，他附了一首长诗，回顾中国诗歌发展的历程，从"李白杜甫不复作"，直写到"吴生（宓）奋臂出西秦，少从白穆传人文，十年执笔持正论，一扫俗耳如秋蝇"。他对吴宓大加赞扬，并表达自己的崇敬之意。在信的末尾，王荫南特意写道："读大集既敬吟长古，献之座右，以志文字因缘，且述私怀仰慕。"

1936年春，王荫南回北平。当时张学良任"西北剿总副司令"，率东北军驻扎西安，王荫南由卢广绩、荆有岩推荐，任张学良将军总部秘书，吴宓当时并不知道此事。同年，他收到王荫南由西安寄来的诗作4首，特别是诗最后两句"只应化作苌弘血，碧染辽沙照沈京"，表现出王荫南高洁的气节。西安事变后，王荫南隐居北平，寂寞读书，不见一人，生计十分困难。直到1937年4月，吴宓才得知王荫南已回北平，便邀请王荫南在北平东安市场内五芳斋晚餐叙谈，各抒所怀，这也是吴宓与王荫南的第二次会面。当晚回清华园，王荫南连夜作诗7首，题为《丁丑春二月，喜见雨生（僧）兄于燕都》。

（一）

未见酷相思，相见语不倦。

孰谓朋友情，乃如男女恋。

君颜稍老苍，服义尚强健。

余岁即方刚，中心折百难。

世途多阻疑，人情易冰炭。

文章既累人，声名复贾怨。

形迹骤相亲，恐遭敌者讪。

悲欢万种肠，社稷无穷愿。

如何三载离，倾襟罄一饭。

（七）

岳岳泾阳吴，倔强我所敬。

一面已倾心，再见觉逾胜。

我生不妄交，有之即性命。

百年三万朝，因缘与永证。

呜呼自东归，寒暑易时令。

闭门非绝宾，客自断车乘。

食藿恒终朝，著书时及暝。

……

这些诗歌，饱含着王荫南对吴宓的崇敬、赞赏之情，也可以看出二人深厚的情谊。

1937年7月5日，吴宓清晨从清华园搭车进城，同王荫南在西单的一个糖果店会面，共进早餐，然后同乘公共汽车前往西山。他们一起游灵光寺，登山畅谈，说诗论文，情感甚笃。傍晚，吴宓送王荫南到城里，然后搭乘晚班校车返回清华园。王荫南在《丁丑日记》中对此事有生动描述：

时日色已夕，欲赶汽车，驰下山。在休息处吃茶，雨僧出山西常燕生论诗旨及余春日赠诗七首，重读曰："君诗实佳，即如'悲欢万种肠'，人人皆言得，而'社稷无穷愿'，则他人道不出也。"余因与雨僧畅论诗旨，座客皆为之惊咤。车久不至，侍者乃近曰"已无车矣"。乃乘洋车归。雨僧必欲送我还城，谊至可感。时斜阳西下，山影倒映，浓淡相间。草树晚青，蝉声纷喙。雨僧坐车厢中，频诵我诗，心益感之。九时始至西四，雨僧初犹欲请我同餐，以时不及，遄返清华。问之，知清华包伙，八时半即已结束。雨僧曰："欲在城中留宿，一人殊寂寞，怅触前情，必不能眠，不如归去，室中尚有二香蕉可啖也。"

这天晚上，王荫南作《西山纪游诗》，第二天早上寄给吴宓，吴宓于"七月七日"早晨收到，正是卢沟桥事变之日，吴宓后来写文回忆起此事，甚为感慨。

八月二十八日战后，平津沦陷。宓入城居姑母家中，仍时往清华园。十月十三日，日军入据清华园，十一月七日宓携友生离平至津，航海南下，赴长沙国立临时大学任教。十月曾见王荫南二三次，不能多谈，时君为私立念一中学国文教员，示宓近作《移居》诗七律，词旨悲酸，寄托遥远，宓濒行，又承相送，遂成永别。二十七年（1938）在昆明，或宓见故都报纸，有"一叶论文学"，颇赞许宓，知系君所为，呜呼，缘居于此，不烦赘词，世之负气节而真爱文学者，读兹所录王荫南君之遗诗数篇，可以知君之才与志，而并知宓之悲矣。

以上引文，正是吴宓得知伟大的爱国诗人王荫南于1944年被日军杀害的消息后所写的长篇怀念文章《悼诗人王荫南烈士》一文中最后一段。从他们平生交往留下的大量诗文来看，这两位诗人的交往建立在各自对对方才志的钦慕上，是诗歌将他们从素不相识者而结为诚挚的朋友。正如王荫南的儿子王黎所说："他们之间真是'我生不妄交，有文即性命''未见酷相思，相见语不倦。孰谓朋友情，乃如男女恋'，'悲欢万种肠，社稷无穷愿'。王荫南写给吴宓的赠诗中，描绘两人真挚交往的情景触目皆是，生动感人之句，诵读之中每催人泪下。"吴宓"论文交友，完全摒弃世俗以出身、地位、名分划分亲疏等陈腐观念，不存地域、门户、派系之偏见，而升华到诗人的纯真感情"。

从吴宓同王荫南的文字交往中，可以看出吴宓高贵的品格。他平生好读书，喜作诗，所以对有才气、重气节的王荫南十分钦佩，读其诗而佩其才，见其人而尚其志，终究结成文字之交，堪称君子之交的典范。

诗集一册，记录半生感情生活

　　1935 年，对于吴宓来说是极其难忘的一年。一方面，这一年让他伤尽了心，他"爱之最深且久"的毛彦文嫁给了熊希龄，令他深为伤感，只得赋诗聊以自慰："殉道殉情对帝天，深心微笑了尘缘。闭门我自编诗话，梅蕊空轩似去年。"另一方面，这一年又让他感到欣慰，因为他半生感情生活的记录、学术的总结之作《吴宓诗集》得以面世。

一、独特的编辑原则

　　《吴宓诗集》不同于一般诗人的诗集，吴宓在《编辑例言》中说："刊印诗集，古人视为极重大之事，即不待至身后，亦当俟诸暮年。又费毕生之力，沉吟推敲，润饰修改，然后严行甄别，选取若干首以付剞劂，三四十岁以前之作，往往不留一首。"这样所编诗集，确实是个人作品的佳作萃集，但吴宓认为如此做却不能真实再现一个人的感情历程。因此，他编自己的诗集，信奉的原则是"自光绪三十四年戊申予始学为吟咏之诗起，至现时止，有作必录，毫无删汰，且均本当时所作，过后未更改一字，以存其真。盖诗为一时一地感情生活之表现，故作出之时，虽当苦心精思，力趋美善。然作出之后，即不宜再改，异时异地，决难再寻得此诗中之感情及生活，譬诸照像，用一镜片重叠数次摄影，所得者必模糊纷错，不可辨识矣。且留存全稿，首尾完备，既可寻绎一生之经历，又可为研究诗中模仿创造之步骤资料也"。因此，吴宓的诗集是他前半生诗作的全集，更是他真实感情生活的记录。吴宓对诗的理解，最根本的要求是诗"感情首贵真挚，世中万事皆可作伪，惟诗不能作伪。人生处处须行节制，惟诗中之感情，则当令其自然发泄。强之不可出，抑之亦难止也"。他非常重视诗人感情要真挚、真诚，"不诚，不能为诗也。旧诗之堆积词藻，搬弄典故，陈陈相因，千篇一律；新诗之渺茫晦昧，破碎支离，矫揉作态，矜张弄姿，皆由缺乏真挚之感情，又不肯为明显之表示之故。予所为诗，力求真挚明显，此旨始终不变"。在《刊印自序》中他又说："若予之诗，则终未脱'自身之写照'之范围，此乃性行之自然趋势，未可强致。故予之诗集，不齎即为予之自传。"他说他作诗的目的是"为发泄一时之感情，留存生涯之历史。予编订诗稿之目的，则为专供一己之展读，重溯昔来之旧梦，于风晨雨夕，青灯书案，困顿之时，抑郁之际，取此一册，独自沉吟涵泳，使少年之感情，过去之经验，一一涌现心目，如观电影，聊以自慰，亦奇特之乐事也"。《吴宓诗集》就是在这样的思想指导下编辑的，所以这本诗集颇有其独特之处，它不但收录了作者全部的诗，包括未完的诗稿，而且包括作者生活的记录资料，十分完备详尽。除诗外，书中还有作者、作者全家及漫游欧洲各处的风景照片，甚至有亲戚朋友的照片。但正由于诗集中所录内容较杂，使读者很难理解编者的意图，故历来对吴宓诗批评的人颇多，很可能是因为他们没有认真阅读《吴宓诗集》的《编辑例言》，而对作者存有片面看法。

《吴宓诗集》由上海中华书局 1935 年 5 月出版，为大 16 开本，共 516 页，收集吴宓 1908 年至 1933 年间创作的古体诗 991 首，词 25 首。诗分为 13 卷，卷末附录选辑作者发表在《学衡》杂志、《大公报·文学副刊》上的论文 27 篇以及《余生随笔》《英文诗话》和《空轩诗话》《艮斋诗草》等，内容相当丰富，可以说它是吴宓前半生学术生涯、感情生活的总结之作。

吴宓的诗，最大的特点就是情真，毫不矫揉造作，整个诗集坦诚之心处处显现，细读后深受其崇高人格的感染。

正如吴宓的学生、北京外语学院教授周珏良所说："遍读全集，我们就会慢慢感到与一位真诚，有时竟达到天真地步的学者诗人在那里交流。"吴宓的诗集就如卢梭的《忏悔录》一般，展现给读者的是毫无装饰的真我、本我，这正是他一生光明磊落、从不掩饰自己品格的外化。

　　吴宓对自己的诗要求很严格，他认为诗集中的诗并不是都有其存在价值。他说："设有人编为今世中国诗选，应录君集中何篇？则当对曰：《壬申岁暮述怀》四首；再问其次当取何篇？则谨答曰：《海伦曲》；三问更求其次，则如何？对曰：所译罗色蒂女士《愿君长忆我》及《古决绝辞》两篇。此外无选录者矣。"其实，这是吴宓的谦辞，在他千余首诗词中，不乏优秀篇章，正如吴宓的挚友吴芳吉所说："雨僧长篇诸诗，其情意缠绵温厚；短篇诸诗，则至为清越，得诗家三昧者也。"（《读雨僧诗稿答书》）缪钺在《读吴雨僧兄诗集》中这样评价吴宓的诗："才气骏发，情意肫挚。嘉禾秀出，颖竖群伦。大雅之才，美矣茂矣。""言志必真，选辞必切。廿前篇什，稍患粗疏。归国以还，弥臻跌宕。金陵有江山之助，辽东多慷慨之怀，西征省亲，至情流露。京国设帐，寄慨遥深。后来居上，无俟赘辞。"

二、《吴宓诗集》内容评介

《吴宓诗集》收诗 13 卷。第一卷《故园集》记录作者少年时代诗作二十余首，这些诗虽有些篇章显得稚嫩，但诗情真意切，朴实无华，也足以看出少年时代的吴宓已有相当深厚的古典诗词的功底。这些诗篇真切地表达了作者对当时社会、人生理解之情。如《闻学界风潮有感》：

（一）

关中称僻地，何日进文明。

未见成材器，时闻罢学声。

优柔终偾事，激哄总无名。

一暴十寒意，艰难惜俊英。

（二）

禄位居民上，出言乃失衡。

杀身宁可辱，唾面竟无情。

鞭笞良马贱，钧羽异才轻。

冲霄存正气，华岳望峥嵘。

他在诗题后自注"西安诸校罢课"。这两首诗是他对此事的理解，他既觉得学生罢课"激哄总无名"，但又对这些富有正义感的学生表示称赞，认为他们"冲霄存正气，华岳望峥嵘"。诗中表现出吴宓年少时就非常关注社会风云的变迁。

第二、三卷为《清华集》。这是吴宓诗作的第一个高峰。他进入清华，遨游于知识的海洋，诗情大发，诗词作品多达二百余首。他的诗内容广泛，风格高雅，不管是针砭时政、评论人物，还是酬酢写景，都不乏上乘佳作。

吴宓非常重视诗歌的社会功能，强调诗人要关心民生。他的诗正是对这一理论的实践，在《清华集》中，很多诗具有强烈的忧患意识和爱国情怀。如《辛亥杂诗》（八首）、《石鼓歌》和《五月九日感事作》等都是充满着忧国忧民思想和反帝爱国情怀的作品。《辛亥杂诗》第四、五首为：

满眼疮痍剧可哀，民生吊望几登台。
万家枯骨千军血，十丈严城一炬灰。
改革今朝国已病，共和他日花方栽。
座中衮衮咸英士，拨乱谁为匡济才？

一代兴亡事已空，阽危国社例飞蓬。
迭传汉塞三边外，已陷楚歌四面中。

余孽跳梁歼未尽，强邻逼视祸无穷。

茫茫隐患谁先觉，哭向江干料峭风。

《石鼓歌》具有极强的民族忧患意识。诗人通过对石鼓的历史变迁感叹中华民族的历史兴衰，全诗充满着青年诗人对列强掠夺中华宝物的愤慨之情："昔见长安景教碑，碧眼眈眈涎久垂。又闻孔庙笾豆籍，半入伦敦半巴黎，吁嗟乎！典章璀璨难更数，亡羊尚幸牢可补。神州声教危若丝，几回珍重抚石鼓！"

1914年，第一次世界大战爆发后，日本帝国主义乘机派兵侵略我国，攻占了胶州湾，取代了德国在山东的侵略地位，祖国的大好河山屡遭蹂躏。吴宓甚为悲愤，写下了《哀青岛》一诗，长歌当哭：

汉帝昔日好神仙，采药方士迹蝉联。

蓬莱缥缈无人到，千年东海已桑田。

蜃气楼台非虚话，黑子孤屿晴入画。

花开竞唱桃源乐，龙争忽演玄黄卦。

波澜翻覆记重重，胜朝之末海禁通。

扶桑楼船横渤海，师熸和成割辽东。

仗义齐秦迹行霸，解纷排难需酬谢。

登莱又流教士血，舆图一块成久假。

从兹华夏好扶馀，酣睡终容他人居。

虎馁狼贪深旧怨，弱小徒伤狙公狙。

四时佳节常青岛，德人喜获和氏宝。

远挹货财辟商廛，更铸铜铁坚城堡。

危楼雄堞道康庄，筚路蓝缕十载忙。

帆樯云集根据地，驰入东亚逐鹿场。

神州逸民伤禾黍，劫后此中寻俦侣。

陶朱金藏海上舟，天涯也有避秦处。

无端欧陆起战云，东海鹅鹳亦成军。

磨牙吮血纷拏掷，羽檄交驰日夕闻。

兵戈夜半飞空渡，藩篱终破金汤固。

换羽移宫总断肠，披发伊川愁返顾。

吁嗟乎，

廿载山河易主三，天运茫茫未易参。

螳螂臂断无馀勇，即今大陆尚沉酣。

圣地渊源称齐鲁，一例蹂躏成赤土。

鲸吞蚕食后患多，珠崖已弃难完补。

第四卷《美洲集》，收录诗人自1917年到美国留学至1921年归国期间的诗，此卷收诗最少，除长诗《太平洋舟中杂诗》外，还收录吴芳吉诗一首，陈寅恪诗两首。

第五卷为《金陵集》，收录诗人1921年至1924年在南京时的作品。此时，吴宓最大的事是与同仁创办了《学衡》杂志。这一卷里，与前几卷不同的是译诗较多，可以看出，诗人急于将在海外学到的知识介绍到国内，这同他创办《学衡》的目的是相通的，其中较好的译诗有《译牛津尖塔》《译赫里克古意》《译安诺德挽歌》等诗。

第六卷《辽东集》，收录诗人1924年到沈阳东北大学外文系任教时的诗作。

第七卷《京国集》（上），收录诗人1925年重返清华之后的诗作。

第八卷《西征杂诗》，诗人在序中说他于民国十六年（1927年）一月，由北京赴西安，住了十多日。此时正值军阀吴佩孚部将刘镇华围困西安刚结束之时，诗人去探望父亲，并迎接好友吴芳吉，往返约40天。"行途及在西安之所闻见，辄以诗记之。作成率易，未久思索，切实描叙，不务词章，共得百零五首，合为一篇。""可云篇中无一字无来历。"这些诗集中表现出诗人对社会现实的极大关怀，犹如杜甫的"三吏""三别"，诗人描述了自己一路所见所闻，如到渭南后所写的第四十四首：

> 未见围城饥病苦，先尝秦地饼汤糕。
> 莼鲈风味儿时忆，华屋邱山梦里遥。
> 训俗三章白帖在，募兵几处红旗飘。

牙厘设税烟公卖，盈市喧阗近岁朝。

第四十五首：

今来重过新丰镇，却忆唐时折臂翁。
板荡陵夷伤国病，转输劫掠叹民穷。
鸿门高会碑犹在，垓下悲歌事已空。
健士朱颜习步伐，古今赢得几英雄。

第四十九首：

日午森严见古城，名都千载此西京。
已行驿路三千里，来叙天伦七日情。
睹面应惊发种种，投怀恐有泪盈盈。
敝裘尚是严亲制，寒暑流年十五更。

第九卷《京国集》（下），收录作者 1927 年后在清华园任教时的诗作，里面较好的篇章为《落花诗》（八首）。陈寅恪评价说："后四首甚好，远胜前四首，此上宜再加修改，然中有数句甚妙。后四首气势尤佳。"

第十卷《南游杂诗》，收录作者 1928 年暑假南游上海、南京、苏州等地所作诗歌。诗人曾三度赴杭州游西湖，会见柳诒徵等故友，此行作《南游杂诗》九十六首。

第十一卷《故都集》（上）所录诗，抒写自己情感生活的诗较多，诗风委婉沉郁，足见感情生活给诗人造成的痛苦。其中有几首写到他夜不能寐的苦恼，真切感人，如《十月八日夜枕上作》（一）：

月冷风高黯不眠，新愁旧恨两相煎。
丝柔忍断垂杨缕，潮逆独撑上水船。
蜃市人间错久铸，素娥终古梦难圆。
坐忧病废违初志，已觉澄怀愧昔贤。

《解脱》：

回首乍如酒醒时，超离境地一凝思。
身犹多事宁增累，理未全通敢效痴。
万古遗痕污白璧，诸天色态染纯丝。
微生短梦倏将尽，绞脑回肠空尔为。

《失眠》：

失眠纵酒又增愁，竟拼微躯掷逝流。
世弃方知真理贵，情多独叹此生休。

高文冥漠存心想，小德辛勤困谬囚。

便欲乘风凌八极，羽衣仙伴共沉浮。

《写怀》：

世上原无难处事，人生确有断肠时。

读书学道曾何益，黄口白头一样痴。

拼将一死消愁尽，未许馀生有梦期。

宿孽忏除留正果，从今不作写情诗。

这些诗，抒情真切，表现出诗人当时感情生活的不顺。从风格上讲，这些诗更趋老成，语言典雅而又朴实，情感真切而又细腻。

第十二卷《欧游杂诗》，收录诗人1930年9月至1931年9月游欧访学期间所写的诗。

1930年9月12日，37岁的吴宓离开北京，去欧洲游学，他乘坐火车途经哈尔滨、满洲里、莫斯科、巴黎等地，于9月30日抵达英国伦敦，入牛津大学研究英国浪漫主义文学。在牛津期间，他游访了伟大的浪漫主义诗人雪莱的故居，访问了大戏剧家莎士比亚的故乡斯特拉福德。12月7日结束了牛津的学习，吴宓赴爱丁堡，访司各特故居，后又访苏格兰女王玛丽的故居。

　　1931 年 2 月，吴宓先后赴法国巴黎，入法语学校。春假期间，他参加意大利旅行社，与美国女友格布士（H.L.Gibbs）同游意大利罗马、威尼斯和西西里岛等地。4 月 13 日到瑞士日内瓦，又拜访了卢梭故居。4 月底返回巴黎，入巴黎大学，研究法国文学。9 月，游访德国柏林，结束了欧洲之行，与爱人毛彦文等一起回国。

　　每到一处，吴宓都兴奋不已，尤其是漫游一些文学大家故居时，更令他诗情大发，写下了很多佳篇。《欧游杂诗》是《吴宓诗集》中的重要组成部分，他在赋诗赞美这些伟大文学家的同时，也找到了自己人格力量的源泉，对文学有了更深邃的理解。如《游莎士比亚故乡》（二）：

> 古寺新丹漆，中藏诗王墓。
> 玻窗画神仙，琴乐间韵頀。
> 伉俪多猜嫌，野史传琐故。
> 百代尚同穴，幸哉嗟此姬。
> 文章非天成，精力勤贯注。
> 意匠触灵机，笔底风雷赴。
> 两间留环宝，存毁归劫数。
> 形骸等秕糠，荣名何足顾？

　　1930 年 10 月 25 日，吴宓与同学郭斌和、费福熊二人参观了莎士比亚故居，赋诗三首，这是第二首，描述莎士比亚墓的情景。他用"诗王"称莎士比亚，充分体现了对莎翁的崇敬之情。诗王墓在斯特拉福德的三圣寺，是莎士比亚同妻子合葬墓。莎士比亚的婚姻并不幸福，他的妻子大他8岁，是位农场主的女儿，18岁的莎士比亚选择她，更多的是出于青年人的狂热冲动与对财产的追求。因此，婚后三年他便离家去了伦敦，直到50岁才回到故乡，三年后去世，与妻合葬。遗憾的是，一代文豪在有生之年并未看到自己剧本的刊印发行。因此，莎士比亚的婚姻、著作都令吴宓心生遗憾。但诗王终于成就了身后大名。吴宓在诗后自注中说："莎士比亚生时最不矜名，而死后名亦最大。"正是莎翁的伟大作品成就了他不朽的伟名。如《游莎士比亚故乡》（三）：

更寻纪念堂，铜像瞰溪流。

眉宇憺威棱，隐含百世忧。

入门随导观，壁画映层楼。

摹拟传神态，今古列名优。

雄文极万变，人性洞深幽。

薄物明理象，常事寓机谋。

版本纷罗列，精工见校雠。

东邦译全集，摩挲增吾羞。

　　前四句写纪念堂的外景，突出莎翁的铜像。紧接着写进入纪念堂内的情景，墙上有莎士比亚戏剧内容的壁画和几百年来扮演莎士比亚戏剧的著名演员的肖像或剧照。之后是吴宓对莎士比亚剧作的译介。莎士比亚的伟大剧作表现出人生历史的种种变化，蕴含着人性的思辨，可称得上千古雄文。末四句写纪念堂里摆放着种种版本的莎翁作品，特别是日本早稻田大学教授坪内逍遥（1859—1935）翻译的《莎士比亚全集》，令吴宓甚感羞愧。他在诗后自注中说："日本早稻田大学教授坪内逍遥氏译莎氏全集为日文，近已完成，印行，特以一部寄赠本堂陈列。司事者疑予等为日本学生，举以相询，未知支那文译本何日可成，滋增予等之愧也。"身为中国的外国文学教授，翻译莎翁的作品本是自己义不容辞的责任，吴宓为此感到羞愧，这不也正是在旧中国战乱贫穷使一代有志于完成此项大事而不得实现的人们共同的羞愧吗？

　　在英国的文学圣殿中，除了莎翁，最令吴宓陶醉的就是伟大的浪漫主义诗人雪莱。他的《牛津雪莱像及遗物》（三首）诗如下：

（一）

少读雪莱诗，一往心向慕。

理想入玄冥，热情生迷误。

淑世自辛勤，兼爱无新敌。

解衣赠贫寒，离婚偕知遇。

至诚能感人，庸德或失度。

暴乱岂终极？风习仍闭锢。

到处炭投冰，徒令丹非素。

天马绝尘驰，驽骀惭跬步。

（二）

君身有仙骨，容色何韶秀。

急盼若不宁，坐此非长寿。

君诗妙音节，凄婉天乐奏。

流动变态多，月露风云逗。

君爱如赤子，求乳母怀就。

灯蛾身自焚，列星灿如绣。

君名似水清，长流同宇宙。

狂童遭斥革，殊荣国学授。

（三）

雕工技入神，美琇状浮尸。

画像悬讲堂，诸生瞻容仪。

书馆存遗物，手稿万金资。

古籍相伴溺，表带胸前垂。

玛丽结同心，绣盒藏发丝。

一见成知己，弃家径追随。

噢咻慰痴魂，铅椠序遗诗。

皎皎天边月，常圆何盈亏。

这三首诗，洋溢着吴宓对雪莱的崇敬之情。他赞美雪莱的诗作，更赞美他真诚的爱。他在诗后自注中写道："此诗三首，则简括叙论之，雪莱于 1814 年 6 月 8 日始遇玛丽，7 月 28 日偕玛丽同逃至瑞士，次年 2 月生一女孩。1816 年 12 月初旬，其初娶之妻哈里爱投河死，是月雪莱与玛丽正式结婚。最近始发见雪莱致哈里爱书函十通，由是雪莱之功罪益明。彼盖重视真爱而不以婚姻制度为意者，故自谓虽弃哈里爱而与玛丽结婚，其心仍恋哈里爱，而望三人均能快乐。雪莱之意因诚，惟哈里爱则不省，径寻短见，可伤哉！""雪莱一生恋爱虽多，精神甚苦，然与其第二妻玛丽则相爱甚深无间。"由此可以看出，具有浪漫诗人气质的吴宓对雪莱的感情世界是多么理解，以至于他不自觉地追寻雪莱的人格，给自己的感情生活造成很多波折。如他在《徐志摩与雪莱》一文中说："我那时沉酣于雪莱诗集中，以此因缘，便造成我后来情感生活中许多波折。"

以上录诗，仅《欧游杂诗》中两篇，这组诗佳作甚多，特别是对研究欧洲文学的读者颇有益处，如在法国所作的《巴黎庐森公园》《巴黎观茶花女剧》，在意大利所作的《登山望罗马全城》，在瑞士所作的《日内瓦湖》（五首）都是很有特色的诗章。

古人云，读万卷书，行万里路。吴宓漫游欧洲，处处抒发情怀，连缀成章，正是读书与漫行的极致结合。

第十三卷《故都集》（下），主要收集诗人 1931 年底到 1934 年间的诗作。1931 年 11 月 19 日，中国现代著名诗人徐志摩死于空难，文学界为之恸哭。12 月 6 日徐志摩的生前好友在北京大学为他举行追悼会，吴宓在追悼会场作挽诗《挽徐志摩君》，载 12 月 14 日《大公报·文学副刊》，这也是他《故都集》（下）的第一首：

> 牛津花园几经巡，檀德雪莱仰素因。
> 殉道殉情完世业，依新依旧共诗神。
> 曾逢琼岛鸳鸯社，忍忆开山火焰尘。
> 万古云霄留片影，欢愉潇洒性灵真。

《故都集》（下）更多地反映诗人情场失意之后的烦恼、忧伤、感怀，体现出他真诚坦荡的诗风，如《吴宓先生之烦恼》即是很有特点的一首。

本卷最受诗界盛赞的是他根据古希腊《荷马史诗》等所载故事，写成的五言长诗《海伦曲》。此外，《空轩十二首》也是本卷佳作之一。吴宓在诗后自注中说:"题云《空轩》固亦可概喻予之生活情景。然空轩实有其地,即予所居清华园西客厅,又号为'藤影荷声之馆'者是。义山无题,郭璞游仙,非其比也。全篇结构,第一首总起,第六、第七两首自叙,前半第二、第三、第四、第五,正面主题,一人(海伦)一事,后半第八至第十二首,则每首一人,旁衬并列,语有分寸,悉本真实,理近玄虚,情则切挚。"吴宓所谓的海伦,即他终生爱之最深的毛彦文,为她,吴宓写下了大量的诗篇,她的另嫁他人,令吴宓痛不欲生,由《空轩》诗的感伤情调即可看出:

空轩十二首　之一

空轩冷月对梅花,往事回环梦影斜。

始信情场原理窟,未甘术取任缘差。

书成玉女堪为伴,尘海汹涛好泛槎。

收拾闲心归正业,已忘身在况思家。

空轩十二首　之三

利剑穿胸丝解棼,飞书一纸动星文。

苦行痴爱谁如我,天下英雄有使君。

复壁帷镫伤鬼影,图穷匕现散疑云。

渡河忽奉金牌诏,辙乱旗翻帅夺军。

由这些饱含感伤情怀的诗篇，可以看出吴宓的情真意切，毛彦文的离去给他精神上造成了巨大的痛苦。

吴宓在《吾生一首》一诗中概括自己"吾生碌碌无长技，稍读中西贤圣书"。诚然，他一生不求官，不贪财，堂堂正正，勤勤恳恳，朝夕与书为伴，确实表现出一代知识分子的高风亮节。

最后，让我们以吴宓的《自题诗集》作为评价《吴宓诗集》的结语：

> 心迹平生付逝波，更从波上觅纹螺。
> 云烟境过皆同幻，文锦织成便不磨。
> 好梦难圆留碎影，慰情无计剩劳歌。
> 蚕丝蛛网将身隐，脱手一编任诋诃。

三、珠玑般的卷末附录

吴宓的诗歌创作，批评的人不少，但《吴宓诗集》卷末附录的论文，向来受到学人的推崇，大有喧宾夺主之势。正如朱英诞所说："我发现在买来的《吴宓诗集》里我曾写了一行小字'民二十四年夏日买藏，意在卷末'。这即是说我已把他的诗'偶见一枝红石竹'，也即是说一笔勾销了。

卷末附录计有九种，其中《余生随笔》《学衡论文选录》《大公报·文学副刊论文录》及《空轩诗话》四种都是分量很重的谈论，这才是他的可取的地方。"（黄世坦《回忆吴宓先生》）确实如此，《吴宓诗集》卷末所录的论文，可以说是他前半生学术精华的集萃和诗歌理论的总汇。直至今日，仍有其熠熠生辉的价值。

《余生随笔》是吴宓在清华上学期间在《清华周刊》第48期至第72期连载的评论诗歌的论文，是他诗歌理论形成的发轫之作。其主要内容在《"清华一支笔"》中已评述，故略。

另外，较有价值的是《学衡杂志论文选录》。吴宓在《学衡》杂志上共发文章42篇，仅次于柳诒徵，居第二。《吴宓诗集》卷末附录10篇，是作者特意精选的与诗歌有关的论文。正如他自己解释说："《学衡》中宓所撰文甚多，兹择其讨论诗之原理、艺术、内容、形式者，汇录于下，以与宓所作之诗互为表里。"这组文章较有影响的如《论新文化运动》，作者针对新文化运动的一些偏颇，提出文学"摹仿"说：

> 今即以文学言之，文学之根本道理，以及法术规律，中西均同。细究评考，当知其然。文章成于摹仿，古今之大作者，其幼时率皆力效前人，节节规抚，初

仅形似，继则神似，其后逐渐变化，始能自出心裁，未有不由摹仿而出者也。

文章列举了大量中外诗人的理论来论述他这一观点。

首先，《诗学总论》是一篇系统的诗歌理论之作。文章先界定诗的定义："诗者，以切挚高妙之笔，具有音律之文，表示生人之思想感情者也。"由此定义论述了诗歌从思想内容到表现形式等问题，很有见解。他特别强调：

作文贵诚，作诗尤贵诚。作文尚可伪托，作诗断难假冒。

所谓高妙之笔者，犹言提高一层写法。即不实指，不平铺，不直叙，不顺写，不白描，不明断，不详释，不遍举，不密绘，不条分缕析，不量尺度寸，不浅俚凡近，不蹈常习故，不因袭陈腐，不以法律科学机械之法，论人叙事写景绘物，而透过一层，直达垓心。而又选择凝炼，直传一人一事一景一物之本性、之精神、之要旨、之菁华，略其边幅，不留渣滓，于是能见人之所不能见，达文之所不能达，使读诗者，立刻领悟，而别有会心，咸具同感。其方法在以想象力造成一种幻境。而此幻境以文学为其媒质。

诗人能造幻境，端赖其想象力。想象力者，质言之，即设身处地，无中生有之天才也，故能造成幻境。想象力愈强者，其所造之幻境亦愈真。诠释想象力者极多，其说今不备述。……文学家之论想象力，则谓凡具想象力者，能见他人之所不能见。所谓能见他人之所不能见者何物耶？曰，事物间之同异而已。

吴宓非常重视想象力对诗人的重要性，他认为诗人超乎一般人之处就是想象力极丰富。诗人表现出狂，就是他的想象力极强，他甚至认为莎士比亚所谓"疯人、情人、诗人"，就是由于他们"皆为想象力所充塞"。

其次，诗人译介他所喜爱的诗人的文章，《论安诺德之诗》《论罗色蒂女士之诗》以及译文《译韦拉里说诗中韵律之功用》《译穆尔论现今美国之新文学》和《译白璧德论今后诗之趋势》等文，都很有价值。

再次，《大公报·文学副刊》论文选录收录吴宓诗文作品 17 篇，多为评介作者认为有影响力的中外诗人，较好的文章有《罗色蒂诞生百年纪念》《马勒尔白逝世三百年纪念》。马勒尔白（1555—1628），法国诗人兼批评家，是法国文学史上极为重要的人物。文章在介绍马勒尔白的文学主张的同时，阐发自己的观点，特别是强调引进西方理论，为我中华所用。他认为"自吾人观之，今日中国文学文字上最重大急切之问题，乃为'如何用中国文字表达西洋之思想，如何以我所有之旧工具运用新得于彼之材料'"，吴宓推崇应像法国马勒尔白及其七星社运动那样"（一）以发达法国之文字，创造法国之文学。（二）则竭力吸收文艺复兴时代磅礴璀璨之希腊拉丁古学以入本国。正犹吾国今日非尽量吸收西洋学术，非大规模传入西洋之事物思想材料，不可也"。半个世纪后的今天，吴宓要求中西贯通、融化新知的文化观点更显其正确性。

吴宓的诗论，最受学术界推崇的是《空轩诗话》，总录 50 则，内容相当广泛，可以说是吴宓读书的心得。其中载录很多名家之作并发表他的评论，第 49 则说明了他编《空轩诗话》的目的。

予久拟编《中国近世诗选》及《中国近世诗史》二书，然以职务繁忙，又以学力未充，见闻未广，未知何日可成。今撰《空轩诗话》，以中华书局严期催稿，而篇幅有限，故所述所录，殊未详备，即知友亦多遗漏，评论容有不公，务恳恕谅。须知此件原为宓诗集之附录，意在说明宓学诗之渊源、唱和之朋友、宗派之所属、技术之所重、国家社会之大势、个人情志之养成。易言之，即诗话仅乃为宓诗集中之诗之参考与背景而已，未可以诗选或诗史视之也。

由此可知，吴宓编《空轩诗话》一方面是作为自己诗集的参考，另一方面是了却他编《中国近世诗选》和《中国近世诗史》的心愿。因此，在《空轩诗话》中作者把当时对他有影响和他收集到的佳作均收录其中并加以评论。如第三则谈他幼年时读梁启超的《饮冰室诗话》时，吴宓非常赞赏梁启超所说的"我生爱朋友，又爱文学。每于师友之所作，芳馨悱恻，辄录诵之"，由此形成了他读别人佳作必录的习惯。他说他学生时代所喜欢诵读的书，所获得的感受都写入了他的《余生随笔》。游美回国以后，担任《学衡》杂志和《大公报·文学副刊》编辑时，所得师友的佳作，随时刊登，与世同赏，这时再不需要抄录了。但他失去《学衡》杂志和《大公报·文学副刊》编辑职务后，"师友佳章仍络绎而来"，尤其是九一八事变后"南北志士名贤，感愤兴发，尤多精湛光辉之作。予所积盈箧，无地刊布。抄示诸友，劳力费时。欲编成《近世中国诗选》一书，作者各系小传，并于诗中所寓时事详加注释，既光国诗，尤裨史乘。但今各家书店，以及学校机关，无愿为予担任印行者，只得择尤存粹，录入《空轩诗话》"。多年的编辑生涯，使他对佳作爱不释手，本来想编为专书，但又无处可印，因此摘录精华之作编入《空轩诗话》中，附在自己诗集后，足见他品格的高贵。

《空轩诗话》所录都是经过编者"割爱"后的精选之

作，所以颇具特色。其中评论他的好友吴芳吉之作，载录祭悼王国维之诗，谈论梁启超、关中大儒刘古愚、国民党元老于右任等则，都很有见解，尤其是大量录入"九一八"后的爱国诗篇更加表现出他的爱国情怀。最后一则是他对自己不幸恋情的记载，自己所钟爱的人嫁与别人，诗人无奈之中只能悲叹：

> 殉道殉情对帝天，深心微笑了尘缘。
>
> 闭门我自编诗话，梅蕊空轩似去年。

尽管他个人感情生活很不幸，但他始终未放弃对生活的真、善、美的追求，仍然主张为人应真诚，仍然坚信"道德乃真切之情志，恋爱亦人格之表现。予于德业，少所成就。于恋爱生活，尤痛感失败空虚。然予力主真诚，极恶伪善"。厚厚的一大本《吴宓诗集》，正是作者真诚人格的外化。半个多世纪后，回首中国文化的长河，它充其量是一朵小小的浪花，但它对中国文化的价值，却是不应忽视的。

实境·幻境·真境

　　吴宓先生的"诗三境说"（实境、幻境、真境），是美学理论的重要拓展，它提出了艺术创作具有规律性的特点，在某种程度上具有普遍意义。那么，"诗三境"的主要美学价值是什么呢？

　　首先，它揭示了文艺审美活动的秘密。审美主体和审美客体的关系，是美学理论中经常接触到的基本问题，审美主体往往就是作家"我"，审美客体就是描写对象"物"。在文学艺术的创作过程中，物我关系呈现着非常复杂的状态。如果能把物我关系处理得恰当，那么就会对具体的创作实践起到指导作用。吴宓的"诗三境说"，深刻地阐明了诗歌创作中的物我关系，非常有助于诗歌的创作和美学欣赏。文学艺术创作是一种审美活动，"诗三境说"对文学艺术家进行审美活动和深化审美活动，都很有启发和帮助。

吴宓所说的诗歌三境，就是"实境""幻境""真境"。他在《诗学总论》(《吴宓诗集·〈学衡〉杂志论文选录》)中，对"诗三境"作了集中解释和论证。我们先来了解一下"实境"和"幻境"：

> 盖实境者，某时某地，某人所经历之景象、所闻见之事物也。幻境则无其时，无其地，且凡人之经历闻见未尝有与此全同者，然其中所含人生之至理、事物之真象，反较实境为多。实境似真而实幻，幻境虽幻而实真。

这里说的"实境"就是审美对象，是客观存在的"物"。"幻境"是作家根据自己的生活经验，融合自己的主观体会创造出来的艺术世界，这种审美对象被赋予了"我"的色彩，它是个人化了的"物"。因而幻境比实境显示着更多的"人生之至理，事物之真象"。可以看出，产生幻境是审美活动的必经阶段。

吴先生又说：

> 凡美术皆示人以幻境，而不问实境。至若究二者之关系，则幻境乃由实境造出，取彼实境整理而修缮

之，即得幻境矣。

此处所说"美术"泛指文艺。从实境到幻境的过渡，不单诗歌，一切文艺创作，都不能脱离这个基本规律。"幻境乃由实境造出"，实境是幻境创造的土壤，这正是幻境与实境的基本关系。文学艺术家不是刻板地反映审美对象，而是将经过审美主体所提炼过的审美客体呈现给读者，这就叫"示人以幻境而不问实境"。此处不应误解，吴先生并非主张文学艺术形象完全可以脱离开"实境"，而是着重强调经过作家的审美提炼，"实境"已经融合在"幻境"之中。

至于"真境"，则是"实境"与"幻境"的高度升华和结晶。吴先生对"真境"作了生动的论证：

> 真境者，其间之人之事之景之物，无一不真。盖天理人情物象，今古不变，到处皆同，不为空间时间等所限。故真境与实境迥别，而幻境之高者即为真境。

这里的"真境"，实际上是作家创造的艺术或艺术的真实。它不是实际生活情景的刻板写照，而是审美主体运用自我的感性思维和理性思维，反复观照，对某些生活现象进行熔铸，最后获取自己所需要的形象，写进作品中去。"真境"高于"实境"与"幻境"，因为"真境"已经微妙地蕴含着作家心灵的光彩。

吴宓在阐明"诗三境说"时，用通俗的语言、朴素的实例、鲜明的推理，提出了关于"实境"与"幻境"基本区别的论断：

> 譬如屋外之山，实境也。画中之山，则幻境也。吾友适间所乘之马，实境也，缣素漠漠开风沙之马，则幻境也。实境迷离闪烁，不易了解；幻境通明透彻，至易领悟。实境成于偶然，而凌乱无理；幻境出之化工，故层次位置关系极清。

这的确是对审美创造的真知灼见，这样的理论是符合文艺创作实际的。如李白《观放白鹰》云：

> 八月边风高，胡鹰白锦毛。
> 孤飞一片雪，百里见秋毫。

天上飞的白鹰是生活中的"实境"，但诗人赋予了自己的思想情感之后，这个普通的白鹰就构成了作品的"幻境"。"孤飞一片雪"这个典型意象，突出地显示了李白超凡脱俗的品格，全作寄托着"人生之至理"，创造了"真境"的艺术美。

其次，它论证了想象力的审美功能。在作家、艺术家的审美活动中，想象具有重要的地位。特别是在诗歌创作中，感情和想象起着积极的作用。作为诗人的吴宓，与作为美学家的吴宓是统一的。他结合自己诗歌创作的切身体会，研究了中西诗歌创造艺术美的规律和经验，对"想象力"提出了精辟的美学见解：

> 诗人能造幻境，端赖其想象力。想象力者，质言之，即设身处地，无中生有之天才也，故能造成幻境。想象力愈强者，其所造之幻境亦愈真……想象力有集合归纳之功用。文学家之论想象力，则谓凡具想象力者，能见他人之所不能见。所谓能见他人之所不能见者何物耶？曰，事物间之同异而已。

这段话的内涵很丰富，至少说明了三个要点：

第一，什么是想象力。想象力就是作家具有的"设身处地，无中生有的天才"，在审美活动中能够设身处地体会到特定环境的气氛，抒发特定的思想情绪，而且善于"无中生有"，进行合情合理的虚拟和延伸。

第二，"想象力愈强者，其所造之幻境亦愈真"，而且想象力有"集合归纳之功用"。因此创造作品的"幻境"，必须运用想象力，想象力是从"实境"到"幻境"过渡的桥梁。缺乏想象力，作家就只能单调地反映生活琐碎现象，创造不出真正的艺术真实。

第三，怎样产生想象力，关键在于作家要做到"能见他人之所不能见"，分辨"事物间之同异"。作家在观察生活现象时，要善于发现事物之间的相似点和不同点。把握事物之间的相似点，才能构成艺术想象，只看到不同点而找不到相似点，就不可能产生艺术想象。

诗人的"狂"，指的正是诗人善于想象。吴宓说：

> 故人每以诗人为狂，缘狂人之想象力亦强，故见神见鬼。昔柏拉图谓狂有四种，而诗人居其一。而莎士比亚亦谓疯人、情人、诗人，皆为想象力所充塞。实乃一而三、三而一者也。

这里将诗人的狂与狂人的狂，通过"想象力"从本质上联系起来。朱光潜译《柏拉图文艺对话集·斐德若篇》中指出，柏拉图所谓的"四狂"是女巫预言、祷告、诗歌和高飞远举者的追求，特别提到诗歌能够流露出"兴高采烈神飞色舞的境界"。这"四狂"在充分激发想象力的作用上是基本一致的。

吴宓说的"莎士比亚亦谓疯人、情人、诗人，皆为想象力所充塞"，主要含义是什么呢？这里我们需要看一下莎士比亚的原话：

> 疯子、情人和诗人，都是幻想的产儿：疯子眼中
> 所见的鬼，多过于广大的地狱所能容纳；情人，同样
> 是那么疯狂，能从埃及人的黑脸上看见海伦的美貌；
> 诗人的眼睛在神奇的狂放的一转中，便能从天上看到
> 地下，从地下看到天上。想象会把不知名的事物用一
> 种形式呈现出来，诗人的笔再使他们具有如实的形象，
> 空虚的无物也会有了居处和名字。
>
> （《仲夏夜之梦》第五幕，朱生豪译）

吴宓先生很有审美见地。因为莎翁对疯子、情人和诗人的形象分别作了描绘，而吴宓却从原著表述的内涵上认定这段话是莎翁关于"想象力"的典型论述。对于诗人的"想象力"，吴宓又进一步指出："诗人凝目呆视，忽天忽地，无中生有，造名赋形云云，皆可互证也。"此处从莎翁作品中得出的想象力结论更有力地说明吴宓对莎士比亚的精心研究和深刻理解。

再次，它剖析了创造艺术美的主要方法。怎样创造艺术的"幻境"，使其成为蕴含作者心灵光彩的"真境"？吴宓提出了两种重要的艺术方法：第一，剪裁。他说：

剪裁者，不将实境中所有之形色实物，均取而纳之幻境。但选其佳者、合用者，而弃其不佳者、不合用者，即足。譬如为美人画像，则不可存其面上之黑痣。叙英雄之行事，则不必记其每餐所食之蔬肴。

第二，渲染。他说：

渲染者，实境中之形色事物，不必存其原来之真，而尽情改易，变不佳为佳，化无用为有用。然后入之幻境，以符作者之意旨。譬如白居易作《长恨歌》，欲读者感动而怜爱歌中之女主人，遂谓杨太真养在深闺人未识是也。

这里说的"渲染"主要用于对生活"实境"的刻画，作者可以根据作品所写具体环境的需要，对某些细节进行适当虚构和重点描绘。这种艺术方法，如果运用得当，常常能够提升作品的审美效果。

李白名作《长干行·其一》全篇是一个少妇的独白。前半部共十四句，写恋爱、结婚的经过，其中用十句渲染少妇青少年时期天真、活泼、纯洁、羞涩之情：

妾发初覆额，折花门前剧。

　　郎骑竹马来，绕床弄青梅。

　　同居长干里，两小无嫌猜。

　　十四为君妇，羞颜未尝开。

　　低头向暗壁，千唤不一回。

　　作品后半部共十六句写少妇对丈夫的思念，其中用八句渲染女主人公情切切、意绵绵的怀想：

　　门前迟行迹，一一生绿苔。

　　苔深不能扫，落叶秋风早。

　　八月蝴蝶来，双飞西园草。

　　感此伤妾心，坐愁红颜老。

　　两处"渲染"的运用都是极其成功的，它们多层次地点燃了人物心灵的火光，提升了诗歌的审美效果。

　　剪裁和渲染能够使"幻境"胜于"实境"，艺术真实高于生活真实。这两种艺术方法对于刻画作品的逼真形象，增强作品的感人效果，起着重要的作用。吴宓由此概括出了一个具有普遍意义的美学论断：

　　　故美术中之幻境，比之原有之实境，必较为精美，较为清晰，较为趣味浓深。试以诗中之境界，与吾生所见者，相比而证之，必见其然也。

可以看出，吴宓主张艺术家不应当满足于描摹生活真实，还需要对生活事件、人物和情景，进行精心观察和提炼，发挥丰富的想象力，运用剪裁、渲染等艺术方法，熔铸成高度的艺术真实，创造出"精美""清晰""趣味浓深"的优秀作品。

至真之情，至诚之诗

　　吴宓是一位学者，又是一位卓越的诗人。他认为诗歌贵在真诚，他说："诗以诚为本""作文贵诚，作诗尤贵诚；作文尚可伪托，作诗断难假冒。"(《吴宓诗集》)因此，吴宓的诗歌创作正是他这一理论的实践，尤其是他写给心中所爱毛彦文的情诗，正是他那颗赤诚的心的外化，是他真实感情的记录。透过他的情诗，我们可以看到一个真诚的、毫无掩饰的吴宓。

　　正像季羡林先生所说："雨僧先生是一个奇特的人，身上也有不少的矛盾……他看似严肃、古板，但又颇有一些恋爱的浪漫史，所以矛盾。"(《回忆吴宓先生》)吴宓先生身上的这种矛盾，正是他从小受良好的传统文化教育和后来沉醉于雪莱诗歌而形成的浪漫气质的表现，在没有接触具体的恋爱对象之前，吴宓对恋爱婚姻的理解更带有道德倾向的理想化色彩，他同陈心一女士的结合正说明了这一点。

陈心一毕业于省立杭州女子师范本科，她弟弟陈烈勋是清华的学生，与吴宓关系较亲密。陈心一平时喜欢阅读《清华月刊》，其中吴宓的文章常吸引住她，她对吴宓因文而慕人。陈烈勋将此事告知了吴宓，吴宓非常高兴，因为被女子钟情也是一件值得炫耀的事，他也对这位慧眼识才的少女产生了爱恋之情。然而，此时吴宓身处美国，陈心一却在杭州，两人无法见面以诉真情，吴宓只好求助于同窗好友朱君毅。朱君毅有一位美丽聪明的表妹，亦是他的未婚妻，叫毛彦文，正好同陈心一是同学。吴宓就让朱君毅给毛彦文写信，拜托她替自己到陈心一家了解了解情况。毛彦文收到表哥从美国寄来的信，得知此事，便尽力照办。1918年暑假，毛彦文专程到陈心一家了解情况，陈家似乎早有预感，对毛彦文很热情。事后，毛彦文写信让她表哥告诉吴宓："陈女士系一旧式女子，做贤妻良母最为合适，皮肤稍黑，性情似很温柔，倘吴宓想娶一名能治家的贤内助，陈小姐似很适当，如果吴君想娶善交际会英语的时髦女子，则应另行选择。"吴宓看过回信，有些犹豫，便征询自己最亲密的挚友陈寅恪、汤用彤。陈寅恪、汤用彤的一番话坚定了吴宓完成这桩婚姻的决心。据1919年6月30日《吴宓日记》：

宓平昔于论婚之事专取"宁人负我，毋我负人"之主张……古训有云，"人贵自知"，锡予（汤用彤）尝谓"婚事宜对症下药"。即俗谚"情人眼里出西施"之意。又云，"知足者乃有家庭之乐"。且惟真能自爱者，乃能爱人。

陈君寅恪云，"学德不如人，此实吾之大耻。娶妻不如人，又何耻之有？"又云："娶妻仅生涯中之一事，小之又小者耳。轻描淡写，得便了之可也。不志于学志之大，而竞竞惟求得美妻，是谓愚谬。今之留学生，其立言行事，皆动失其平者也。"由上种种言之，陈女之倾慕，果出于诚心，实有其情，则宓自不当负之，即可聘定。毋须苛计末节，徒以拖延犹豫，误己误人，费时费力。

时隔三个月，10 月 19 日《吴宓日记》写道："陈女士之事……昨日接君毅及毛女士函后，复再审思，决即允诺。商之于锡予及陈君寅恪，均以为宜即如此办理。遂于是夕致陈君烈勋允婚一函。"1921 年初，吴宓回国，8 月即在上海与陈心一女士结婚，婚后定居南京，生有三女。

1924 年，朱君毅获博士学位后自美国归来，与吴宓一同在南京东南大学任教授，毛彦文此时还是金陵女子文理学院的学生。不久，朱君毅却爱上了江苏汇文中学一位名叫成言真的女学生，他闹着要同毛彦文解除婚约。一时间闹得满城风雨，很多人出面调解，朱君毅不听，气得东南大学的教务长陶行知先生警告说："朱君毅如不回心转意，下学期我不能再发给他东南大学教授聘书。"吴宓当时也是众多调解者之一。他批评朱君毅，同情毛彦文，即作诗评论：

> 碧落银河久系舟，徘徊欲渡笑牵牛。
> 渐伤意兴随年减，惊见山川入故愁。
> 巢燕未能安一夕，井蛙空自语千秋。
> 旁人终劝忘情好，坐待物华冉冉收。

尽管众人好言相劝，但仍未阻止二人的分手，这也给后来吴宓苦苦追求毛彦文提供了机会。吴宓在美国留学时期，就对毛彦文有爱慕之情，无奈她是自己朋友的未婚妻，只能将感情隐藏在心里。

吴宓结婚后，性格中浪漫的气质渐渐显露出来，于是对陈心一渐生隔膜。陈女士多次委曲求全，但最终还是闹到离婚，这与吴宓爱上毛彦文不无关系。当时，很多人劝他他不听，他说："杭县陈心一女士，忠厚诚朴，众所共誉。然予于婚前婚后，乃均不能爱之。予之离婚，只有道德之缺憾，而无情意之悲伤。""予恒言，道德乃真切之情志，恋爱亦人格之表现。予于德业，少所成就，于恋爱生活，尤痛感失败空虚，然予力主真诚，极恶伪善。"正由于他"力主真诚"，才敢不畏世俗的讥笑，毫不掩饰地把自己的内心世界公之于众，正如他的好友林语堂所说："吾深知雨僧，宁可使其坦白，不可使其为假雨僧，真坦白则不必顾及人之诟谇，此其一。雨僧一副不识世故面目盖着极丰富之情感，亦求得中道而行者耳。而中国社会未必肯让人有丰富情感，有情感者亦必讪笑之，讥讽之；有情感而坦白者，更必讪笑之，讥讽之，此其二。"（1936年第12期《宇宙风》）吴宓正是主张恋情真诚，所以不愿同陈心一保持没有爱情徒有形式的婚姻。1929年9月，吴宓终于与陈心一离婚，吴宓写成《九月十五日感事作》，题目下加注"是日离婚广告登《大公报》，又登《新闻报》"。

> 早识沉冥难入俗，终伤乖僻未宜家。
> 分飞已折鸳鸯翼，引谤还同薏苡车。
> 破镜成鳞留碎影，澄怀如玉印微瑕。
> 廿年惭愧说真爱，孤梦深悲未有涯。

随后，吴宓追求他的"灵魂之伴侣"毛彦文，其情至诚至真，令人感动，从而也使诗人写下大量优美的情诗。

毛彦文自从同朱君毅断绝恋情后，更加努力，1925年毕业后在南京江苏第一中学任教。1929年赴美国密歇根大学教育系深造，于 1931 年获得硕士学位归国。恰巧，此时吴宓休假漫游欧洲，吴宓与毛彦文在巴黎相会。至于这次相会的用意，据吴宓的好友毕树棠回忆说，当时相传吴宓在巴黎与某女士结婚，但后来证实并未有此事。吴宓解释说："这次本来约好在巴黎结婚，那天我从伦敦赶到巴黎，按外国的习惯，也是我预想的，她在车站上接我，我一下车，看清了是她就上前去，作拥抱与接吻之势，这是一定的，而她竟拒绝，而且毫无通融。"这一小小的变故，已暗示出吴宓与毛彦文的感情不可能有好的结局。但当时两人感情并未破裂，可以说还正处在升温期。吴宓在《空轩诗话·三十七》谈到这次回国的行程："1931 年春，予再至巴黎……是年六月，梦痕在巴黎大学得哲学博士学位，先归……予亦经由德国，与海伦（毛彦文）及其他友人返国。"在回归的途中两人接触更多，感情增进，吴宓对毛彦文的恋爱之情达到高潮。但好景不长，到了年底，毛彦文向他直截了当地表明二人不可能结为夫妻。吴宓甚为烦恼，于是写下了他的情诗名篇《吴宓先生之烦恼》：

（一）

吴宓苦爱毛彦文，三洲人士共惊闻。

离婚不畏圣贤讥，金钱名誉何足云！

（二）

作诗三度曾南游，绕地一转到欧洲。

终古相思不相见，钓得金鳌又脱钩。

（三）

赔了夫人又折兵，归来悲愤欲戕生。

美人依旧笑洋洋，新妆艳服金陵城。

（四）

奉劝世人莫恋爱，此事无利有百害。

寸衷扰攘洗浊尘，诸天空漠逃色界。

　　他以幽默、嘲弄的词句，描绘自己情场失意的烦恼情绪，将情感写得极其真诚坦率，毫无矫揉造作之感。诗人以较为客观的态度分析自己失恋后的内心活动，诗显得真切而富于新意。

　　吴宓尽管痛苦，但他并不像一些利己主义者所持的婚恋观——不成夫妻即仇人。他仍然诚挚地爱着毛彦文，将她比作世界文学中的绝代佳人"海伦"，同她保持着柏拉图式的情感。毛彦文在他心目中就像但丁心目中的贝阿德丽采，更多的是精神的象征。吴宓先生对情感的态度正体现在他浪漫诗人的气质上。他说："我反对《西厢记》的张生，我赞

成《红楼梦》的宝玉。贾宝玉从不对林妹妹动手动脚！他
牢记警幻仙姑对他的忠告：世之好淫者皆皮肤滥淫之蠢物。
若天分中生成一段痴情，谓之意淫。唯意淫二字可心会而不
可口传，可神达而不可语达。"有一次，吴宓在一家旅馆同
毛彦文约会，他侃侃而谈，谈论《学衡》的主张，谈古希
腊的苏格拉底、耶稣基督，又谈到东方的佛教释迦牟尼、中
国的孔子，不觉天黑，又下起大雨，于是二人同室休息，同
床而眠，吴宓毫无非礼之举，悉心照料着毛彦文。两人的感
情时断时续，总是难以达到成婚的佳境，其原因，主要是毛
彦文的观望态度。吴宓对毛彦文的爱从未减少，反而随着时
间的推移更甚。

　　苦苦地追求，却难成佳偶，于是激发了吴宓的诗情。
1934 年寒假，吴宓想起几年来对毛彦文的一往情深，便诗
情大发，写出《空轩十二首》诗，其中有名的如《晨乘汽
车入城寄怀海伦》：

> 有情终古无成事，鸳被象床不获安。
> 宓意当前词各隐，相思别后见愈难。
> 生涯默默独行倦，节物凄凄零露溥。
> 回首西山青未了，黛眉蹙恨压峰峦。

《电复海伦》（民国二十三年甲戌九月十日）：

渐窥天上无穷景，翻结人间未了缘。

恩怨千层织绮梦，韶华一瞬怅逝川。

初当美酒碧瑶泛，屡败残棋半局全。

倦极劳生求止息，怜卿怜我各潸然。

　　吴宓苦恋毛彦文，吟诗赋词，百般传情，然而总是拨弄不响毛氏心中那根愿嫁的琴弦。"痴情我便终身待，揽镜君当念白头。"如痴如醉的吴宓，难以理解毛氏对自己的态度，但他很少从自己的气质、性格中找答案。其实，毛彦文正是畏惧他那犟直的脾气。毛氏经历了忘恩负义的表兄的遗弃，心灵受到创伤，于是，她对爱情更加小心谨慎，尤其是对吴宓、朱君毅这类浪漫性格的人。因而，她对吴宓的痴情总是理智地对待，她曾对人说："纵使我与吴宓教授勉强结合，也不会幸福。像陈心一女士常常逆来顺受不与计较，这点我是做不到的，说不定会再闹离婚。"这才是毛彦文内心真正的顾虑所在。她对吴宓也有感情，但她担心二人婚后性格不合再起矛盾，直至分手，这是她不敢想象的事。为了使自己解脱，也为了彻底使吴宓绝望，1935 年初，吴宓突然接到毛彦文寄来的结婚请帖，得知毛彦文将与著名慈善家、曾任袁世凯内阁总理的熊希龄结婚。吴宓当日刚编完《空轩诗话》50 章。他非常伤心，如何也想不通 37 岁的毛彦文为什么会嫁给 65 岁的熊希龄，而不愿嫁给他。2 月 9 日，熊希龄与毛彦文在上海慕尔堂举行盛大婚礼，高朋满座，名流汇集。与毛氏婚礼的热闹相对，犹如《红楼梦》里一面是宝玉的婚礼，一面是黛玉离世一样，吴宓当天闭门谢客，在"藤影荷声之馆"赋诗填词抚慰受伤的心。但他仍诚心地祝福自己所爱的人生活美满幸福，表现出他的坦荡胸怀。他在《吴宓诗集》中写道：

> 宓选编《空轩诗话》既毕，其日适为乙亥人日（民国二十四年二月九日），亦即海伦女士在沪结婚之日也。宓深伤感，爰题二诗于诗话之后：

> （一）
> 渐能至理窥人天，离合悲欢各有缘。
> 侍女吹笙引凤去，花开花落自年年。

> （二）
> 殉道殉情对帝天，深心微笑了尘缘。
> 闭门我自编诗话，梅蕊空轩似去年。

> 先是海伦有函询我能否赴沪，予以中华书局严定期限催迫缴稿，拟先赶速撰完《空轩诗话》，故未即往，

而海伦遽赋于归。某君尝谓："宓重于其诗，过于生活及爱情。"呜呼！斯岂予之所欲择者哉！予平生所遇女子……予爱之最深且久者，则为海伦。本集之诗，可以例证。凡题下不注姓名之情诗，皆为海伦而作者也。

就在吴宓那颗充满忧伤的心还未完全平静之时，追求毛彦文的机会又出现了。1937年12月，67岁高龄的熊希龄在香港病逝。吴宓得知此消息有些欣慰，从而又燃起了追求毛氏的信念，然而，仍无结果。1942年11月，毛彦文历经七天七夜，从香港出发，至广州脱险。吴宓闻此，仍写诗聊表慰藉：

> 问谁怜我更怜君，玉碎珠沉道各分。
> 少雁闵凶同孽子，重遭捐弃半孤军。
> 婚姻已晚虚名误，楚毒空前世劫纷。
> 七日短程逢百厄，死生流转未相闻。

1943年8月20日（农历七月二十日）是吴宓50岁生日，"成诗凡十四章"题为《五十生日诗》，概括自己前半生。其中第六章全写他对毛彦文的爱：

> 平生爱海伦，临老亦眷恋。

世里音书绝，梦中神影现。

怜伊多苦悲，孀居成独善。

孤舟泛黄流，群魔舞赤县。

欢会今无时，未死思一面。

吾情永付君，坚诚石莫转。

相抱痛哭别，安心归佛殿。

即此命亦悭，空有泪如霰。

　　字里行间渗透着对毛彦文苦涩的爱，可见此情在吴宓内心造成的伤感之深。诗句真诚，矢志不渝。之后，这种爱成为一种精神的追求烙印于先生的心中。不知有多少夜晚，毛彦文进入他的梦境。如《吴宓日记》（1946 年 4 月 28 日）记："夜雨，中夜，梦见彦于某巨宅，宾客众多。宓在廊下，知彦在内，少思，决，乃入堂。彦坐沿左壁诸女客间，风貌如平时，衣服华贵。睹宓，若极不愿见者。宓先言，'久不见，安好'！彦仅颔首，强笑。身微起，不离座。答言：'吴先生好！'然若对众客表示伊与宓并无深谊，且多年对宓实漠不关心者。宓察知彦对宓心实冷淡，且久久如斯，宓则仍作交际常态，亦未矜持……"

　　尽管毛彦文对他很冷淡，但得知毛彦文"左颈肩生一横长之瘤，致稍伛偻"，他依然"闻之悲怆"。他不畏人笑，坦诚以待。居室挂海伦（毛彦文）画像，以慰相思之情。而某些人格低下者却扮出一副正人君子的面孔讥笑他，嘲讽他。因此，他愤慨地说：

> 彼纳妾狎妓，而以予之模拟但丁及雪莱诗体为离经叛道；彼诈财殃民，而以予之读古书，作文言为自暴自弃。呜呼！若此之人士，若此之亲友，予只有虔诵耶稣基督之言曰："上帝乎众不知所为，其赦之。"

新中国成立后，有位女学生名叫邹兰芳，家境不太好，又身患疾病，吴宓经常帮助她，久而久之两人产生了感情。1953 年 6 月 18 日，邹兰芳于重庆大学法律系毕业后即与吴宓结婚。可惜好景不长，1956 年邹兰芳不幸去世，吴宓甚为悲痛。为了表示对"继妻"（吴宓用语）的怀念，他将邹兰芳生前用过的东西、学过的书籍全部封存不动以寄托自己的哀思。

邹兰芳死后，吴宓晚景凄凉，好心人劝他同前妻陈心一复婚，但他始终不肯。因为他信奉着"感情首贵真挚"，既然自己不爱陈氏，绝不能虚伪地与之结合。

1972 年，吴宓先生写给挚友姚文青词一首《鹊桥仙·怀念海伦》，可以说是对自己一生感情生活的总结。现照录如下：

死埋长侧（邹兰芳），生离偶遇（陈心一），消息独君（毛彦文）全断（知于1949年到美，1957年犹生存，已入天主教而已），爱君深亦负君多，孰知晓（一作谁解得），吾情最恋？

碧空难矗，黄泉莫透，此世何缘重见？天涯飘泊曼姝娘，望故园沧桑几换！

这首词意切切，情绵绵，饱含着诗人的感情，道出了诗人一生感情生活的辛酸。

吴宓一生主张："古今中西之人，其生活及事业，皆有外阳（功业、道德、思想、责任）与内阴（生活、婚姻、恋爱、情感）二方面，表里如一，乃为真诚，情智双融，乃为至道；阴阳合消，乃为幸福。窥此二者之全，乃为真知；由此二方面竭力帮助，乃为真爱。"吴宓先生的情诗，正是他力主真诚的人生观、道德观的体现。

学诗为人，追摹杜甫

　　作为诗人，吴宓先生的思想与诗歌艺术，犹如汪洋大海，接纳了古今中外诸多优秀文化的涓涓细流，其渊源来自于多方面。就其诗歌创作而言，影响最大的莫过于杜甫。吴宓的秉性和诗歌，都明显地带有从杜甫那里吸收来的营养。

　　吴宓在他的诗集卷首中曾说："吾于中国之诗人，所追摹者三家：一曰杜工部，二曰李义山，三曰吴梅村。以天性所近，学之自然易成也。"其实，他最推崇杜甫，在他的诗文中，也多次提到杜甫。可以看出，他自觉地追寻杜甫的诗风，学习杜甫的为人，以杜甫作为自己的人生楷模。由此可以看出，杜甫对吴宓的深刻影响。

　　尽管杜甫和吴宓所处的社会不同，但在他们身上确实又有许多相通之处。他们都生长在一个具有浓郁传统气息的封建官宦家庭，从小受到良好的家庭教育，受到儒家思想的熏陶，从而形成了他们兼济天下的人格内核。

杜甫之所以伟大，不仅在于他的诗艺超绝，更在于他的人格高尚。当现实无情地嘲弄并揉碎了他的理想之时，他依旧坚强地充实着自己的精神，完善着自己的人格，终于成为古代中国士人的典范。在他身上，可以看到以天下为己任的生活目标，铁肩担道义的历史使命感，重精神轻物质的价值取向，知其不可而为之的牺牲精神和对自我道德完善的顽强追求。虽经历种种不幸，但他没有因此变得偏激、冷酷、玩世不恭，而是始终保持着对人生的执着追求，对正义的热切呼唤，对天下和人民的深切关怀，对黑暗腐败现象的疾恶如仇。他那忍辱负重、上下求索的人生态度，对中国的民族精神和民族心理产生了深远的影响，激发着后来者鉴古而思今，见贤而思齐。

吴宓说："故学一人之诗，必先学其人格，学其志向，则诗成乃光芒万丈。"（《吴宓诗集·卷末·余生随笔》）由此可以看出，他要学习杜甫诗歌，首先是学习杜甫的人格。他从杜甫身上学的不仅仅是作诗技巧，更多的是杜甫那种永不衰退的进取精神和坚忍不拔的顽强性格。杜甫的崇高人格感召着吴宓，从而塑造了他自觉以社会为己任的个性，敢于坚持自己的观点，一生"存心忠厚，秉性正直。甘愿吃亏，决不损害别人丝毫。言而有信，处处积极负责"。（《回忆吴宓先生》）正是这种品格，使他不论是主编《学衡》之时，还是"文化大革命"中坚持不"批孔"，都始终敢于坚持自己的观点，绝不趋炎附势。这同杜甫"独耻事干谒"有异曲同工之妙。

吴宓说："诗人存心济世，忧国忧民，常思大而怀远，宏识而博爱，然此亦非可以叫嚣虚伪为之，仍赖发于内衷之至情，如杜工部之'穷年忧黎元，叹息肠内热'，岂为求人之称赞而作此语。"（《吴宓诗集·卷末·〈艮斋诗草·后序〉》）。他强调诗人必须关注社会，忧国忧民，把握同时代的脉搏。这一品质，他仍是从杜甫身上学到的。他说："诗词文章，均与一时之国势民情、政教风俗，息息相通。如影随形，如镜鉴物。苟舍社会，去生涯，而言诗，则无论若何的雕琢刻饰，搜奇书，用僻典，皆不得谓之诗。此古今不易之理，亦东西文学公认之言。昔人推尊诗史，亦以其善传时代之事物与其精神。"（《吴宓诗集·卷末·余生随笔》）他从杜甫诗中继承了杜甫关注人生、爱国忧民的精神，爱国主义精神成为他和杜甫诗的一个共同的主题。

杜甫是一位对祖国无比热爱的诗人，他的诗歌充满了爱国的忠诚，将自己的喜怒哀乐同祖国命运的盛衰起伏相呼应。当国家危难之时，即使春花鸟鸣，引发的仍然是悲伤流泪。如《春望》："国破山河在，城春草木深。感时花溅泪，恨别鸟惊心。烽火连三月，家书抵万金。白头搔更短，浑欲不胜簪。"可当他听到官军收复河南河北的消息时，便忘记自己的痛苦，一下变得欣喜若狂。"剑外忽传收蓟北，初闻涕泪满衣裳。却看妻子愁何在，漫卷诗书喜欲狂。白日放歌须纵酒，青春作伴好还乡。即从巴峡穿巫峡，便下襄阳向洛阳。"诗人把自己的感情融入国家的命运之中，表现出强烈的爱国情怀。

吴宓同杜甫一样，自觉地将他的情感同国家的命运相联系，用诗歌表达自己对国家的热爱之情。当国运衰颓，民生凋敝，贼人误国之时，他痛心疾首；当外族入侵，国土失陷，当局一味退让，生灵涂炭之时，他怒不可遏；当我军将士英勇奋战，频传捷报之时，他欣喜不已。这些充分表现出一个现实主义诗人的胸襟。早在1911年，他在《辛亥杂诗》中就表现了强烈的忧国忧民思想和匡国济时理想。1914年，第一次世界大战爆发，日本帝国主义乘机侵入中国，侵占了胶州湾，祖国的大好河山再遭蹂躏。吴宓先生愤然写下著名诗篇《哀青岛》，与失陷国土同哭。九一八事变后，日本大举进犯我国，由于当局奉行不抵抗主义，致使辽阔国土大片沦丧，人民流离失所。作为诗人的吴宓，更是怒火中烧。他以诗为武器，以自己主编的《学衡》杂志、《大公报·文学副刊》为阵地，积极宣传抗日思想。他在《空轩诗话·四十》中说："九一八国难起后，一时名作极多，此诚不幸中之幸。以诗而论，吾中国之人心实未死。"上海

"一·二八"之战后，吴宓热情地赞扬了国民党十九路军翁照垣将军在这次战斗中"守闸北，率先应战，守吴淞，凭废垒与敌死拒，使十九路军驰誉世界"，但就是这位功绩卓著的将军，却被解职，吴宓"惜其去"，又为国家失去一位名将而伤心，因而作诗歌以追送："将军奋身起南纪，志挽日月回山丘。男儿报国自有道，毛锥弃去着兜牟。……吴淞江头夜一弹，杳杳无际遮飞舟……将军长啸指须发，剑气喷薄如龙浮。乾坤一掷箭脱手，眼底势欲无仇雠。"吴宓与翁照垣并不认识，他热情地歌颂翁，纯粹出于对其抗日功绩的崇敬，这也正表现出吴宓的爱国之情。1934 年冬，日军大举入侵，华北形势危急，清华大学南迁，吴宓到火车站送学生，触景感伤，浮想联翩，写下了忧国忧民的名篇《送清华学生南迁》：

> 无言相对两心悲，相逢又是离别时。乱来难得常相见，别后呻吟各自知。车待发，泪先垂，北风一夜转凌其。君看今岁霜雪白，他年花开会有期。

诗歌字里行间充满了对民族、国家命运的关怀，对日本贼寇的愤怒控诉，也表达出对抗日战争胜利充满了坚定的信念。

吴宓先生说："杜工部所用之格律，乃前世之遗传，并世之所同。然王杨卢骆只知蹈袭齐梁之材料，除写花写景写美人写游乐以外，其诗中绝少他物。杜工部则能以国乱世变，全国君臣兵民以及己身遭遇，政治军事社会学艺美术诸端，均纳入诗中，此其所以为吾国古今第一诗人也。"（《吴宓诗集·卷末·〈学衡〉论文选》）他认为杜甫同"初唐四杰"最大的不同在于杜甫的诗关注人生，有强烈的现实意义，而不是只知"写花写景写美人写游乐"那种无现实意义的无病呻吟之作。因此，他解释说："凡为真诗人，必皆有悲天悯人之心，利世济物之志，忧国恤民之意。盖由其身所感受而然，非好为铺张夸诞也。如杜工部，如陆放翁，细读其诗，则谓之因公忘私也。"（《吴宓诗集·卷末·余生随笔》）吴宓注重诗歌的社会功能，他的诗歌也正是从这方面吸收了杜甫的现实精神。

杜甫继承了中国诗歌的现实主义传统，发扬了《诗经》"饥者歌其食，劳者歌其事"和汉乐府"缘事而发"的精神。他一生始终关切人民，反映人民的痛苦生活，并深刻地表达人民的思想感情和要求。他那被誉为史诗的《三吏》《三别》，全方位地再现了人民在残酷的兵役下所遭受的痛苦，就连他那些反映自己流离生活的诗篇，也反映出当时社会的一个侧面。正如别林斯基所说："任何一个诗人也不能由于他自己和靠描写他自己而显得伟大，不论是描写他本身的痛苦，或者描写他本身的幸福。任何伟大诗人之所以伟大，是因为他们的痛苦和幸福的根子深深地伸进了社会和历史的土壤里，因为他是社会、时代、人类的器官和代表。"杜甫正是这样伟大的诗人。如他的名篇《自京赴奉先县咏怀五百字》，他从个人的遭遇写起，重点表现人民的痛苦。"穷年忧黎元，叹息肠内热。"他明确指出劳动人民创造的物质财富养活了达官贵族，"彤庭所分帛，本自寒女出。鞭挞其夫家，聚敛贡城阙"，人民生活的现实给杜甫以深刻的教育，使他逐渐认识到个人的遭际"事小"，社会的不平"事大"。因而，他从人民出发，忠实地把"朱门酒肉臭，路有冻死骨"这一阶级对立现实反映在他的诗里，从而使他的诗作闪耀着现实主义的光辉。

吴宓的诗歌同样具有强烈的现实性。他所经历的时代变迁，在他的诗中都有反映。如他在1915年5月9日写的《五月九日即事感赋示柏荣》，痛斥袁世凯为做皇帝，同日本帝国主义签订了卖国的"二十一条"的可耻行径："河山拱手让他人，一纸约章飞孤注。哀我将作亡国民，泪眼依稀看劫尘。十年歌哭成何补，千祀文物自兹沦。醉生梦死生亦贱，酣嬉尚思巢幕燕。"再如他在同年8月14日写的《咏史》诗二首：

> 六国何缘欲帝秦？局危南渡媚强邻。
>
> 纵横诡辩苏张舌，兄弟约和辽宋亲。

丰沛故人图后贵，陈桥拥戴想前因。

垂裳难击苍生望，扰攘兵戈禅代频。

谶纬朝前工附会，麟符螭篆总非真。

狐鸣篝火魔成幻，黑水白山龙见身。

汉司马迁独辟异，渐台新莽尚邀神。

星河黯淡天无语，冯道谯周是佞臣。

（《吴宓诗集·卷三》）

　　这两首诗，名为"咏史"，实为"讽今"。年轻的诗人以饱满的激情和犀利的语言，讽刺、抨击了袁世凯的倒行逆施，抒发了他的忧国忧民的情怀。再如《过打磨厂见人力车夫倒毙于途多人围观》一诗写道："凄然道左一尸横，暑热缠身尚急征。坏灭无常伤造化，勤劳仍匮叹民生。能甘事畜完天职，未得猖狂窃世名。贵贱贤愚同荡析，阎浮界外尚清平。"（《吴宓诗集·卷九》）诗人以极其同情的笔触，抒发了他对劳动人民的同情和对黑暗社会的控诉。

　　吴宓曾说："古今最大之诗人，皆能以其一生经验之最大部分写入诗中，而所写入者，又适为最重要、最高贵之部分。凡比较任何二诗人，皆可以其全集中所包含之经验之量与质定之矣。"（《吴宓诗集·编辑例言》）比较吴宓与杜甫之诗，他们都能以其经验入诗，而这种人生经验，就是对社会现实的关注，也正因此，他们都成了文学史上的伟大诗人。

吴宓认为杜甫在这方面堪称楷模，他所用的格律也是前世流传下来的，但他能将自身的真实感受入诗，所以吴宓称杜甫为"吾国古今第一诗人"。吴宓特意强调说："李白亦文学改革家，然以李与杜较，则李之材料枯窘，多篇如一，故其诗常有重复之病，真在杜下，不待辩矣。"因而他大声疾呼："今欲改良吾国之诗，宜以杜工部为师。"（《吴宓诗集·卷末·〈学衡〉杂志论文选录》）他不仅这样呼吁，也是这样做的。如果我们把他的诗同杜诗进行比较，不难看出他模仿杜诗的痕迹。

但一味地模仿是没有意义的，只有在模仿的基础上再创新，才会创作出佳品。吴宓在这方面，可以说给后人树立了榜样。他的诗从杜甫入手，又融入自己的真情实感，可谓悟出了诗家三昧。

综上所述，我们不难发现，吴宓无论从人品还是诗风上，都同杜甫有相通之处。他从"诗圣"那里领悟到人生的真谛，获得了诗家三昧，从而成为一个关心时事、济世忧民、真诚坦荡、富有正义的诗人。从他的身上，我们也看到了中国优秀文化的魅力。他就是吮吸这种文化汁液长大的诗人。

情意兼顾，新旧兼容

有人说，吴宓的翻译是"译述"，这使人想到了不懂外文但译著甚丰的林纾。但如果你读了《吴宓诗集》和《学衡》，就会认为这种观点是错误的。和严复一样，吴宓主张翻译要"信、达、雅"，他特别反对胡译和硬译。他说：

> 翻译书籍，自其浅显处言之，决不可以甲国之文字，凑作乙国之文理，而以为适合，实则窒此而又不通于彼也。

（《吴宓诗集·诗学总论》）

吴宓把翻译看成是艺术。凡艺术皆成于模仿，因此翻译活动是一种模仿，模仿中有创造。这种模仿就是意译和形神兼备。吴宓指出：

> 凡欲从事此道，宜先将甲、乙两国文字通用之成
> 语，考记精博，随时取其意之同者而替代之，则处处
> 圆转确当。例如英文某句适可译为"险象环生"者，
> 决不可译为"危险由多方面发生"，而自诩其文理之
> 近似也，译诗与译文同理。
>
> （《吴宓诗集·诗学总论》）

读吴宓的译文，类似的例证不胜枚举。如在谈到诗文
的区别时，吴宓说："诗者，以切挚高妙之笔，具有音律之
文，表示生人之思想感情者也。"（ Poetry is the intense and
elevated expression of thought and feeling in metrical language ）
译文多么准确、精练、畅达！吴宓认为萨克雷的《纽康氏
家传 》（ The Newcomes ）与《红楼梦》在故事情节、风格上
接近，便用《红楼梦》的文体译出。译文惟妙惟肖，妙笔
横生。

作诗译诗，吴宓都主张"旧瓶装新酒"。在《吴宓诗
集 》卷首，他通过译法国诗人解尼埃（ Chenier ）的《创造》
（ L´Invention ）来表明他的这个主张：

> 采撷远古之花兮，以酿造吾人之蜜。

> 为描画吾侪之感想兮，借古人之色泽。
>
> 就古人之诗火兮，吾侪之烈炬可以引燃。
>
> 用新来之俊思兮，成古体之佳篇。

译文用骚体译出，凝重而深沉，韵味几乎与原诗一样。原诗 fleurs 和 couleurs 押韵，poétiques 和 antrques 押韵，译诗也是第一、二行的"蜜"和"泽"同韵（《楚辞》职部韵），第三、四行的"燃"和"篇"同韵。原诗是抑扬格，有四个音步；译诗的格律平仄相间，每个句读四顿，第四、八句读少一顿。在均衡的结构中显出变化，令人荡气回肠，流露出诗人沉重的忧思，抑扬顿挫之间，表现出先生远大的抱负。

吴宓指出："文学作品之美，在形式与材料并佳，二者融合为一体而相辅相成。"在新文化运动中，对胡适"作诗如说话"的主张，吴宓明确表示反对，他提出：

> 作诗之法须以新材料入旧格律，即仍存古近各体，而旧有之平仄音韵之律，以及他种艺术规矩，悉以保存之，遵依之，不可更张废弃。而旧日诗格，律绝稍嫌板滞，然亦视才人之运用如何，诗格不能因人也。至古诗及歌行等，变化随意，本无限制，镣铐枷锁之说乃今人之诬蔑者所为，不可信也。至新体白话

之自由诗，其实并非诗，决不可作。其弊吾意一再言之，兹不具述。总之，诗之格律本可变化，而旧诗格律极有伸缩创造之余地，不必厌恶之，惧避之，废绝之。凡作诗者，首须知格律韵调皆辅助诗人之具，非阻抑天才之物；乃吾之友也，非敌也。

（《吴宓诗集·诗学总论》）

几十年的诗歌实践证明：写诗，可以用旧格律，也可以发展新格律。诗歌韵律非但不是束缚思想的桎梏，反而是"如枪炮之便利战斗"。所以吴宓先生说：

视中国旧规律太严者，妄也。谓中国现今之韵应废除者，亦妄也。

对于吴宓来说，"多种规律，不特非枷锁束缚手足，且能赞助天才之发荣滋长"。

译诗和作诗一样，吴宓也主张格律音韵必不可少。经过一番中西诗歌比较之后，他的结论是"汉语平仄轻重高低与长短互见，与拉丁诗不谋而合"，"汉诗以有无韵，英诗以有无律为诗界"。吴宓要求诗人"精通文字训诂"。他在翻译中力求模仿原诗的形神，甚至连原文的音律也模仿。如吴宓在《学衡》杂志上所译莱兹女士（Winifred M.Letts）

的《牛津尖塔》（*The Spires of Oxford*）一诗：

牛津古尖塔，　　I saw the spires of Oxford,

我行认崔嵬。　　As I was passing by.

黝黝古尖塔，　　The gray spires of Oxford,

矗立青天限。　　Against the pearl-gray sky.

忽念行役人，　　My heart was with the Oxford men,

忠骨异国埋。　　Who went abroad to die.

岁月去何疾，　　The years go fast in Oxford,

韶华不少待。　　The golden years and gay.

广场恣跳掷，　　The hoary colleges look down,

人间绝忧瘵。　　On careless boys at play.

一旦胡笳鸣，　　But when the bugles sounded war,

从征无留恋。　　They put their games away.

浅草供蹴鞠，　　They left the peaceful river,

清流容艇擢。　　The cricket-field, the quad.

舍此安乐窝，　　The shaven lawns of Oxford,

趋彼血泥淖。　　To seek a bloody sod.

事急不顾身，　　They gave their merry youth away,

为国为神效。　　For country and for God.

神兮能福汝，　　God rest you, happy gentlemen,

就义何慨慷。　　Who laid your good lives down.

戎衣荷戈去，　　Who took the khaki and the gun,

不用儒冠裳。　　Instead of cap and gown.

永生极乐国，　　God bring you to a fairer place,

勿念牛津乡。　　Than even Oxford town.

吴宓先生在解释这首诗的翻译时说："译文不计工拙雅俗，但求密合原意"，"不惟求声音之相同，更摹其高低长短起落之神。凡此苦心经营之处，读者幸垂察焉"。这首诗由四首小诗组成，每一首小诗为一节（stanza）。每一节诗的第一、三、五行为四音步抑扬格，第二、四、六行为三音步抑扬格。只有第一、二两诗节的第一行仅有七个音节，不足 4AX（U—|U—|U—|U）之数。所缺的一个重音表示文意的停顿和语气的间歇（caesura）。吴宓先生说，这颇似中国诗词的奇"读"偶"句"现象。译诗的第一、二两行为一句，第三、四两行为一句，第五、六两行为一句，韵脚在句末的第二、四、六行上，韵式为 Xa Ya Za。原诗简练明晰，句虽短却感情诚挚，感人至深。吴宓先生用五言古体来摹其形，传其神；不但摹其韵式，而且还摹其押韵的声音。原诗是抑扬格，重音多用长元音或双元音，节奏缓慢

沉重,一唱三叹。译诗也摹其高低长短起落的神韵,第一节诗押平声十灰韵,第二节诗押去声十一队韵,第三节诗押入声三觉韵,第四节用平声七阳韵。译诗的整体气氛和效果与原诗丝丝相扣。

这首诗为英国莱兹女士于1915年所作,当时正值第一次世界大战期间。莱兹女士的诗隽永凝练,脍炙人口。诗的第一节讲莱兹女士路经牛津,睹物思人,见牛津尖塔,想起牛津学生战死沙场。牛津大学建于1167年,它是数百年文艺复兴的发祥地之一,为英国输送了大批的各类优秀人才。牛津大学素以研究希腊、拉丁、古典文学为专长。英国人凡是热爱英国文明者,莫不热爱牛津。牛津大学重视古典主义的通才教育,以智、仁、勇三德并重。它所培养出来的人才既有安邦定国的雄才远略,又有毁家纾难的勇气仁义。牛津之于英国可谓功莫大焉!诗人反复吟诵"the spires of Oxford",绵绵情意、拳拳之心充溢于字里行间。诗人反复吟诵牛津尖塔,以造成一种结构、词汇和节奏韵律的内聚力(cohesion),在感情上具有很大的暗示性。因而"My heart was with the Oxford men"见出感情的宣泄,顺理成章。在这一诗节中吴宓使用的平声九佳韵,其格律在古风的"三平调"中平声多于仄声,因此,这一诗节节奏舒缓深沉。同时,为了强化诗的结构(texture),译诗不得不打破原诗的架构(structure),使得"牛津古尖塔"和第三行的"古尖塔"前后呼应。吴宓所使用的"崔嵬"一词，使人直接感受到事物的特性，可谓"得意忘形"。它一方面暗示着牛津大学在诗人心目中的高大形象；另一方面又用来回指第一行的"牛津尖塔"，并和第四行的"青天隈"产生语义黏着。这样，经过译者对日常语的陌生化之后，第一、二两行诗虽然产生了不连续性，但在审美上，这两行诗却变成了诗歌的意象语言，在感情上产生了共鸣，为后面的感情宣泄奠定了基础。为了配合原诗缠绵的双元音韵脚，吴宓先选用了九佳韵中的双元音字"嵬""隈"和"埋"与"by""sky""die"近似。所有的这些努力要达到一个目的，就是把诗的各种元素凝聚成一个整体，正如雅各布森（Jakobson）所说："诗的作用是把对等的原则从选择的过程变为组合的过程。"

第二诗节描写作者回忆战争初期学生们在校园游玩的欢乐景象。忽然战争爆发，学生们大都投笔从戎。第二诗节与第一诗节结构相同。作者反复吟诵"years"，有对"韶华"的不胜留恋之情，与后面的"They put their games away"形成鲜明对照，表达了诗人对牛津大学的敬仰之情，对英国文明的赞美之意。在这一诗节中"years"两次出现，修饰它的"golden"和"gay"分别和第四行的"boy"的修饰词"careless"和"at play"以及第一行的"go fast"相联系，而这两个词又与第三行"hoary"进行对照。这样前四行在语音、结构、词汇和语义上的呼应便产生了旋律，形成了一个向心的力场。"hoary"一词本是形容人的苍老，诗人在此使用了修辞上的移就（transferred epithet）手法，把它用来形容牛津尖塔，暗示牛津的悠久历史和饱经沧桑。"hoary colleges"和第一诗节的"gray spires of Oxford"产生黏着，"colleges"是回指"spires of Oxford"。第一、二两诗节的最后两行，从其功能、意义和结构来讲，有很多相似之处，前面四句都是感情的积蓄，后面两句都是感情的发泄和表达，并都与前面四行形成对照。这样，前后这两节诗由于诗人多方面的黏着手段，也形成了一个向心的凝聚力。吴宓很能体察作者的情思，用"岁月去何疾，韶华不少待"来反复吟诵"years"，与后面的"从征无留怠"相对照。在这一节诗中，"岁月"与"韶华"照应，"去何疾"与"不少待"照应，"恣跳掷"与"绝忧瘠"照应，而这三组词之间前后照应和黏着。前面四行的低回如同河流提高水位，后面的感情发泄如泻流奔腾千里。

第三节诗写学生奋起从军，慷慨激昂。事实上，前面两节诗可以看成是个叠句（refrain），低回重复形成一个整体，和后面两节诗形成对照，并为它们作感情的铺垫。在空间结构上这四节诗恰如一个套盒，也表现结构的黏着，全首诗形成一个向心力场。在第三诗节中，莱兹女士变前两节里的怜惜之情为敬重之意，一变低回悱恻之情为激昂奋发之调。在"left"之后连用数个宾语，气贯长虹，显示出学生们同仇敌忾的决心和勇气。第四行和第六行使用了两个目的状语，中间的第五行用作缓冲，正好形成两个波峰和一个波谷。语法的节奏和格律的节奏相同。为配合节奏、结构和感情的发展，诗人还在韵脚上进行变化。诗至第三节，一改前两节诗双元音的韵脚，使用了短促的中元音为韵脚，听起来铿锵有力。吴宓的译文也极力模仿作者的音韵。在第二节诗中，吴宓押上声的十灰韵，在声音上密合原文："待"和"gay"近似，"痎"和"play"近似，"怠"和"away"近似。而在第三节诗中，译者改用去声的十九效韵，押韵的三个字"擢""淖""效"短促有力，都是"开口呼"，分别与"quad""sod""God"的声音近似，所达到的效果几乎与原文一致。译文的第一、二两行是工整的对仗，相当于英文诗中的第二、三两行的内容。宾语的内容提前了，而在译文的第三行又用"此"来复指，紧接着第四行就是目的状语的内容，这样安排既连贯又紧凑，表现出英汉两种语言殊途同归，而死硬的句法模仿反而会画虎不成反类犬。"趋彼血泥淖"和"为国为神效"两个目的状语并列，刚好被它们的主句隔开，形成两个完整的节奏：两个波峰，两个波谷。而"舍此安乐窝，趋彼血泥淖"在全诗和第三节诗中则是枢纽和过渡；此后讲学生奋起参军，此前是对往昔的追忆。表面上，译文的第三节在节奏上比原诗慢半拍，破坏了

"套盒"的和谐，但只要深入到译诗结构中去考察，我们就会发现情况并非如此。前两节诗在结构和节奏上有许多相似之处，第三节是个过渡。全诗的结构和节奏正好与每一节诗的结构和节奏吻合，因为前两节诗也是在最后两行才转折，中间两行恰恰也是过渡。严格地说，吴宓的"套盒"比原诗的"套盒"更严密。

第四节诗祝告神明，愿上帝保佑这些从军牺牲的年轻人早升福地天国。诗人用三个带鼻音的"down""gown""town"来押韵，余音袅袅，深远悠长，充满宗教的庄严和肃穆。吴宓相应地也改音换调，使用平声的七阳韵，"慷""裳""乡"三个音也带有鼻音，起到和英文诗同样的效果。最后一句原文的意思是："上帝会把你们带到一个比牛津更好的地方。"吴宓的译文不但忠实原文，而且还平添了几分亲切感。在中国文化里，祝某人上西天就等于咒他死亡，死亡后人要被打入十八层地狱去受尽折磨。而在西方基督教文化中，人死后升到天国，死亡并不可怕，众人都为死后不能升到天国而发愁；生命是个连续体，人们对待死亡平静而安详，生与死的界线模糊了。只有熟悉西方文化的译者，才能体会到作者这节诗的真味。学贯中西的吴宓最后这一译笔，可以说是妙笔传神。

吴宓在翻译时注重形神兼备，他十分推崇威廉·施莱格尔（William Schlegel）译的莎士比亚剧本：

每行皆轻重五段（5ˇ—）之音节，与原文同。始犹参用亚力山大句式，旋知其不佳，乃毁其稿另译。初颇患德国文字之冗长散漫，原文之为十字者，德文用十四字犹不足以表之。然而威廉·施莱格尔苦志不懈，力求凝练。用力既久，乃能使译文之文字数与原文同，而又能尽达原文之意，且传其神。……今人又痛恶文学中之体裁格律，主一切废除。于是译西书者，不问其为诗为文为小说为戏曲，又不辨其文笔之为浅为深为雅为俗为雄健为柔和，而均以一种现代（并欧化）之语体译之。其合原文之体裁否，不问也；其能完全表达原文之精神风韵否，亦不问也。是知文章内容之美与外形之美，乃一事而非二事。

（《英诗浅释》，《学衡》第 9 期）

吴宓用他的翻译实践实现了他的翻译理想。

（此文系作者的密友、忘年交陈建中所作。陈君是陕西吴宓研究会理事，从事吴宓研究多年，不幸于 2000 年 5 月英年早逝。现将此文刊入本书，以表永远之怀念。）

文学启迪人生

　　吴宓是一个具有强烈社会责任感的学者，他一贯注重文学的社会功能，强调文学对人生的启迪意义，他推崇儒家传统诗学观点，"《诗》可以兴，可以观，可以群，可以怨"（《论语·阳货》）。他不仅这样做，也这样教育学生。从20世纪30年代起，他曾在清华大学外文系、北平大学女子文理学院、西南联大、燕京大学（迁往成都后）及武汉大学讲授"文学与人生"课程。

　　1948年冬，吴宓将"文学与人生"讲义撰写成书，并亲自誊清，亲手装订成上下两册。1949年4月，他由武汉匆匆飞往重庆，想去峨眉山出家为僧，随身携带的行李中，就有这部"文学与人生"讲义（见《文学与人生·后记》），足见吴宓对此书的钟爱。此书也倾注了先生毕生的心血，也是他对文学与人生的理解与体会。

在《〈文学与人生〉课程说明》中，吴宓就明确指出："本学程研究人生与文学之精义，及二者间之关系。以诗与哲理二方面为主。然亦讨论政治、道德、艺术、宗教中之重要问题。"显然，他是要学生通过对中外文学名著的大量研读，以悟出人生的真谛。所以，吴宓给本课程开了一个极为全面的"应读书目"：《论语》《孟子》《大学》《中庸》《诗经》《礼记》《左传》《史记》《汉书》《资治通鉴》，柳诒徵的《中国文化史》，冯友兰的《中国哲学史》，《楚辞》《古诗源》《十八家诗钞》《杜诗镜铨》《吴梅村诗集》《顾亭林诗集》，黄节的《蒹葭楼诗》，吴芳吉的《吴白屋先生遗书》，《吴宓诗集》《艺蘅馆词选》《桃花扇传奇》《长生殿传奇》《世说新语》《唐人小说》《虞初新志》《水浒传》《红楼梦》，景昌极的《道德哲学新论》，黎锦熙的《佛教十宗概要》和《宋元明思想学术文选》等，外国书籍有柏拉图《理想国》，亚里士多德《伦理学》和《诗学》，《批评的希腊哲学史》《新旧约全书》《白璧德与人文主义》《傲慢与偏见》《德伯家的苔丝》等，所涉书籍文、史、哲兼有。可见，吴宓认为学习文学必须与对社会的认识和人生哲理的理解相结合。他说"以我一生之所长给与学生——即从我所读过的书及所听所闻者；我曾思考过及感觉过者；从我的直接与间接生活经验得来者"，"使学生阅读每一聪

明正直的男人和女人都应当阅读的某些基本好书"。所以说
《文学与人生》是一部指导学生如何读书，如何通过读书理
解人生的好书。吴宓要使学生通过文学研究人生，他认为
"文学是人生的精髓"，即"哲学是气化的人生，诗是蒸馏
过的人生，小说是固体化的人生，戏剧是爆炸的人生"。吴
宓又通过大量的古今名作及自己作品具体论证了文学与人生
的关系。吴宓非常重视小说，他最喜欢的中国小说是《红
楼梦》，最喜欢的英国小说是《汤姆·琼斯》，因为贾宝玉
和汤姆·琼斯都是真诚、善良的化身，"小说能将真诚献身
的工作与带着极端个人主义的卑鄙动机的工作二者之间区
别，读者能够通过一切情节，及人物之思想感情，理解书中
所有事件与人物的真实性质"。

吴宓非常崇敬孔子、苏格拉底和耶稣，将他们作为道
德的楷模，他不但要求自己道德日益完善，同时用自己的
行为影响周围的人。因此，在讲述"文学与人生"课程时，
他始终强调文学对构建人的道德观的重要作用。他认为文学
对公民教育有如下功用：（1）涵养心性；（2）培植道德；（3）
通晓人情；（4）谙悉世事；（5）表现国民性；（6）增长爱国心；
（7）确定政策；（8）转移风俗；（9）造成大同世界；（10）促
进真正文明。由此而论，吴宓专门谈论了通过文学作品，可
以研究"人性""理想与现实""义利""婚姻与爱情"等
众多问题。

　　综上可见,《文学与人生》是一部通过文学作品来研读探究人生的经典之作,它全方位地给读者展示了文学与人生重大意义间的关系。可以说,这是吴宓一生阅读文学作品的心得之作,也是他一生读书方法的经验之作。正如吴宓自己所言:"文学与人生,乃述宓读书经验之心得,期与一部分高明诚挚之同学互相切磋讨论,其中有予一贯综合之人生观而以古今东西圣贤哲士之著作教训为根据,以日常生活、现今社会之事象为例证,能近取譬,深入浅出,其中根本义有二:曰一多,曰两世界。"(锐锋《吴宓教授谈〈文学与人生〉》)

西大讲学，沾溉故里

西北大学是新中国成立前西北最负盛名的高等学府。20世纪二三十年代，全国很多著名学者都到这里讲学，其中就包括现代文学的奠基人鲁迅。然而，身为陕西籍的大学者吴宓尽管数次回西安，到西北大学，并将自己的好友吴芳吉推荐给西北大学，但并未给西北大学学子做过学术演讲。这似乎是吴宓思想深处的一个故里情结。1940年1月29日，他突然收到西北大学校长胡庶华和教育部次长顾毓琇的电报，请他到西北大学担任文学院院长，但因种种原因，他与为故乡学术服务的机会又失之交臂。终于在1948年春，吴宓实现了为家乡学术界讲学，沾溉故里这一愿望。

1948年3月4日《吴宓日记》记载："（1）西北大学校长马师儒二月二十一日来函，约即往西安讲学。而（2）

三月二日晚，复接广州国立中山大学国文系主任孔德二月
二十八日快函，邀宓往讲《文学原理》《文学批评》五星
期。奉致旅费三千万元。按宓本思在粤港活动，为将来立
足、避乱之地，尤欲赴港探访娴，故此聘乃意外良机。……
不幸宓先有清华之约，今不能赴西北及中山两大学，何胜歉
憾。"但经过一番思虑，吴宓最终还是改变计划："不讲学清
华，而到南京空军讲毕后，即改赴西安。在西北大学讲学三
星期。四月半回武大任职授课，续领武大薪不断。五月半到
广州，在中山大学讲学五星期。"（《吴宓日记》1948 年 3
月 8 日）

　　1948 年 4 月 3 日，吴宓由武汉乘飞机飞往西安。在飞
机上，他心情异常兴奋："一路皆大晴。下视绿田隐隐。越
山时，见山顶群斗倒立，凸凹起伏，全为黑棕色，为凸凹地
图，弥觉制图者之得其形似也……过秦岭，即至渭水平原，
麦田如条绣，作鲜绿色。旋至西安。盘旋下降。宓得细睹西
安全城轮廓，纵横高低，点线整齐，如排就之铅字版，如泥
制之凸凹画，全为赭土色。而不睹人烟，未见树木。宓冥想
彼巴比伦尼尼微城，刻画楔形文字之巨砖壁垒，形相必与此
同。而西安名都，不久或将中国文明以俱湮灭，惟留此亘古
不息之夕阳残照而已！"作者这段飞机上鸟瞰西安的描写，
情感真切，充满了对故乡的热爱之情，又有对其将被湮灭的
痛惜之感。

1948年4月7日上午，西北大学大礼堂座无虚席，师生们等待着仰慕已久、学贯中西的吴宓来作报告。十点过后，只见穿着旧长袍、西服裤、皮鞋的吴宓教授登上讲台，他用地道的陕西话开讲，顿时使听者倍感亲切。他吐字清楚，演讲时表情丰富，充满幽默感，时时伴有必要的手势，因而给人印象极深。他演讲的题目是"大学的起源与理想"，从中西文化渊源讲述了大学教育的重要性，表现出他学者的渊博知识。4月8日西安《建国日报》刊登了吴宓教授在西北大学作讲演的消息：

> 武大教授，国内有名"红学专家"吴宓氏，昨日在西北大学大礼堂作首次学术演讲，题目为：《大学的起源与理想》，听众至为踊跃，吴氏深入浅出将目前大学的症结，发挥无余，且出语幽默，极获听众佳评，闻吴氏明起将在西大正式讲学，校中文外文二系，已将其他课程暂停，俾便听讲云。

之后，吴宓每天早上在西北大学讲学，内容相当广泛，除自己擅长的《红楼梦》外，给师生们还讲了《文选》《拉丁文学》等，反响极佳。4月18日《建国日报》发表了"中央社"一条通讯：

西大特约讲座吴宓教授，月来在西大主讲文学概论，世界文学史纲，及红楼梦评论等课程备受学生欢迎，所讲课程已告结束，定十八日飞返武大，闻将转往广州中山大学讲学。

在西安的十几天里，吴宓除讲学外，还结识了陕西教育界、文化界的人士，并同他们畅谈家乡教育事业，为振兴家乡的教育尽了自己的微薄之力。4月16日下午，西安学界人士宴请他，酒宴间他有幸见到陕西另一五四文化名人、创造社重要成员之一的郑伯奇先生，郑先生赠给他《参差集》，并"谈男女故事，及近今西安附近苛政暴敛"，"深忧国事前途，宓亦激动"。（《吴宓日记》1948年4月16日）

这次讲学，尽管只有十余天，但也是吴宓多年学术生涯中唯一一次以自己的学问直接为桑梓服务，终于使故乡学子可以亲聆其教，也算了却了他沾溉故里的心愿。因此，这次讲学，对他来说也具有重要意义。

治学之道乃"四大皆实"

大凡与书为友、毕生为学之人都有自己的一套读书治学之道，可为后学者借鉴。吴宓终生读书、写书、教书，同书打了一辈子交道，他也有自己的一套治学之道。

1952年1月的一天，吴宓刚刚吃罢晚饭，从食堂走出来，几个即将毕业的学生围拢上来："吴老师，我们即将毕业，您能不能给我们谈谈如何治学？"吴宓听后很有感触，他觉得过多的政治运动确实影响了学生的正常学习。因此，吴宓便以自己几十年治学经验为依据，提出治学之道实乃"四大皆实，缺一不可"：

一曰勤奋。有史以来，人类之一切活动，生生养息，百工巧匠，老农老圃，明君贤相，一言以蔽之，下至贩夫走卒，上至大圣大贤，凡能有所成就，莫不出于勤奋。诚然，才智有高下，敏悟有捷钝，而欲有所成，必须勤奋。业精于勤，荒于嬉，设或不勤不奋，虚耗光阴，虽上智之才，也必无所成就。反之，勤能补拙，即使天资稍钝，苟能锲而不舍，终必有成。是故西方有格言：天才出于勤奋。连爱迪生也说：他的成就，主要靠的勤奋。宓自束发受书，成绩未尝落后于侪辈，及负笈美国，能为导师所称道，执教以来，各方谓我，学问尚有根底，窃自衡量，尺寸之进，莫不源于勤奋。今宓年已花甲，阅人多矣，还未见过仅靠天分，不加勤奋而学有所成者。忆余主持清华国学研究院时，所聘四大导师王国维、梁任公、赵元任、陈寅恪，皆当代国学大师，其天资之高，宓不能及其十一。王国维博览强记，以经学言，十三经之经义、传、注、书、笺，莫不滚瓜烂熟；梁启超过目不忘，真可谓不世之才；赵元任本习理科，转治语言学，敏悟大异于常人，成为世界闻名的语言学大师；陈寅恪记忆力之奇特，令人惊讶，不仅经史子集并世界史实、宗教著述烂熟于胸，乃至满室图书中某书存于某架，某典载于某书某页，无不指称无误。此四子者，有如此奇特之天才，而其勤奋实非常人所及。以宓所见，四子莫不夙兴夜寐，孜孜不倦。虽假日、星期也未尝消遣优游。今莘莘学子，或一曝十寒，或嬉戏岁月，欲求学有所成，岂非缘木求鱼。

二曰谨严。治学必须谨严，此乃欲求真才实学必不可少之前提。而治学谨严之本在于为人谨严，生活谨严。其为人也放荡不羁，生活自由散漫，起居无常，随心所欲，则其治学必然虚空浮躁，绝不可能学有所成。所谓治学谨严，其道有四：一是择善固执，绝不朝三幕四，时作时辍；二曰循序渐进，谨恪认真，绝不蹋空夹生，弄虚取巧；三曰谨心向学；四曰严苛以律己。向学，指对待学问——知识；律己，指严格约束自己，在治学修业方面，虚怀若谷。圣人曰'弟子……谨而信'，此乃说的为人修身之道，待人接物之际，皆一谨二信。余所谓：求学之基本态度也必须一谨二信。析言之，尔欲治某一学，例如：欲治经学之小学，尔下此决心之前，务须慎重三思：吾有此基础乎？时间、精力许可乎？慎重考察，认真严肃。一经据此斟酌作了决定，则当信守决定，竭尽其努力，百折不回，务底于成。即绝不推拉拖延，马虎了事，更不见异思迁，不半途而废。严苛以律己者，严格苛求自己，学问之道，务须虚心求实，来不得半点浮夸，切切不可不懂装懂，自以为是。

三曰诚意正心，格物致知。《礼记·大学》实为

不可多得之佳品，宋人将它取出并《中庸》之章，与
《论语》《孟子》合称"四书"，作为后生初学之教
材，实属法良意美。大学之道，在明德，在亲民，在
止于至善。而其根本，又重在诚意正心，致知，格物。
《大学》言治国、平天下都得植根于个人的诚意正心，
致知格物。即"欲正其心者，先诚其意；欲诚其意者，
先致其知，致知在格物"。格物，就是洞彻探求客观世
界之奥秘，唯能如此，始可以致知——求得真知灼见，
得认识之进步，求得真才实学。益以余之亲身经验，
平生所见师、友、诸生之治学经历，乃能确切认识：
欲求治学有成，必须诚意，正心，格物以致知，致知
是个关键，正心是其基本，尔欲学有所成，必须诚心
诚意，端正态度，即勿存邪僻之心，取巧之意，更不
得不懂装懂，"嘴尖皮厚腹中空"。立定决心，务求确
切掌握此一学问，务求登堂入室，穷其究竟，求得真
才实学。

　　四曰讲究方法。方法不是取巧，学术科学的进取，
绝无取巧之可能，方法者，求其循序渐进，由渐而入，
收事半功倍之效。以记笔记而言，今日诸生，恒多且
看且记，对书抄录。于是记时了然，合上笔记本及原
书则茫然矣。以余之经验，作读书笔记，应在详读某
书一章一节甚至全书后，以记忆所及撮要缕记之。盖

于刚刚看过，书中梗要及精华之处，获有鲜明之印象，但印象并不深刻，设或抛开闲置若干时日，则印象迅速淡化，转而模糊无存矣。设或当即默诵，撮要而缕列记录之，则此默忆、撮要、组成条款，以自己语言表述，秉笔书之于纸，等等过程，皆反复习思，加深印象过程。设或某一段落，要义默忆不全，以及前贤警句未能全忆其词章者，皆可翻检原书核对校正，而此核对校正之过程，亦即复习深化之过程。凡此等等，众效齐奏，便可使所阅之书熟识脑中，成为吾人牢固妥善之真知。

言及方法，先贤之旧章万万不可全费。即如前人所谓读书五到——眼到、耳到、口到、心到、手到，即为治学必遵之要诀。眼到，专注阅读；口到，朗声诵读；耳到，注意听读，包括听自己诵读；心到，一心专注；手到，动手记笔记、做实验、写文章等。对此"五到"，绝不可视为老生常谈，无足轻重。《论语》开卷第一句说："学而时习之。"前贤注曰：习，鸟数飞也。说的是小鸟学飞，得其父母传授之后，必须数数练习，反复自飞，始能将"飞"之本事学到家，进而展翅高飞，翱翔天空。吾辈治学，岂可不数飞耶？凡百学问，追求之道，归根结底，须将学问印之脑际，烂熟于胸，融会贯通，成为自己之真知灼见。

　　此四者，必须切实办到，而非徒托空言。故曰"四大皆实"。欲求学有所成，必须在这四方面下功夫，四者缺一不可。中外前贤，谈治学之道的教诲多矣，综而观之，不外这四端。余以为，我辈为人师者，应不仅止于在课堂上传道授业解惑，尤应鼓励诸生勤奋治学，传以治学之道，以此四端要求诸生。遍观英美之高才教授，和美国之白璧德，中国之著名学者，如我在清华所聘之四位导师，莫不以勤奋、谨严等项要求诸生。例如听课前写预习作业，听课后写心得体会。教授之讲授只不过发幽阐微，指引研究之方向，开阔学子眼界，而教学之主要效果，还得求之于诸生之预习，复习，广读参考书籍，深入钻研，以猎取知识。

　　吴宓先生的读书治学经验，实为其几十年经验的总结，有其独到之处，其远见卓识，对我们后来有志于学的人确有启迪作用。

"虚名未是吾生志，硕学方为席上珍"

　　"虚名未是吾生志，硕学方为席上珍"，这是吴宓的一句名诗，后来成为他的一位忘年交的座右铭。提起这事，便引出吴宓热心教育学生读书的感人故事。

　　1960 年的金秋，西南师范学院迎来了又一届新生。在这些渴望知识的莘莘学子中有一位叫周锡光的学生，当听高年级同学讲"当年鲁迅在《估〈学衡〉》中批判过的吴宓，还在我校作教师"时，他很兴奋，对此"新闻人物"充满好奇。有一天，中文系的政治干部在介绍院系情况时说到吴宓，但充满贬低之意："这个人反动，还敢跟鲁迅打笔仗，鲁迅批过他，是'学衡派'反白话文代表人物。"听者并未因此便厌恶这位反对白话文的代表人物，反而更对他感到好奇。终于有一天，他们等到一位身穿洗得泛白的蓝色长衫、头戴一顶线帽的"小老头"来给他们上课。只见他脸上挂着慈祥的微笑，自我介绍说："我姓吴名宓，字雨僧。这个'宓'，下边没有'山'字，不是秘密的'密'，'宓'的意思是安静，三国时有个人就是这个'宓'字。"他讲课时话语略带诙谐，清楚、准确，很快赢得了大家的欢迎。他知识渊博，教学经验丰富，又很关心学生。但由于一次讲课讲到"……犹……，况……"句型时他脱口而出："三两犹不够，况二两乎？"结果被视为"封建文化余孽"，不许他给学生讲课。但这并不能阻止学生向他求教，从那以后，每当夜幕降临，就可看到时常有位学生到文化村一号吴宓住所上晚自习，听他解答各种问题，这个学生就是周锡光。

吴宓为人诚实，终生效仿孔子遗风。他对向他求教的学生无话不谈，但谈得更多的是为人与读书："我虽然多年研究古典文学，但决不是'国粹遗老'，古典文学只是我的偏爱；好的新文学和西方文学，我也喜欢，中国古典名著我读得很多，能谈出它们的中心主题，我主张知识没有国界，知识应当广博。人家叫我'活字典'，我不愧受这个雅号。我在学习上主张首先是背诵。我能背诵莎士比亚像《李尔王》等全部剧文。对毛主席著作，我也熟读再三，现在我可以背一些篇目和一些重要文献的内容。""我不喜欢玩扑克，我会下围棋，但很少，不愿长时间在这上头。""遭遇不幸的人往往是好人，正因为他们好，好就软弱，就不会权变狡诈，就不会应付，就成为牺牲者，这尤其当逢到时代变迁、天灾人祸的时候，更容易表现出来。""我很欣赏欧阳渐的学生王恩洋，追求过他。我欣赏的是他的道德，我主张抑制欲望，养浩然之气，不作耸听的危言激论，持中庸老成态度，服从国家政策法令，与时代和谐相处。"

尤其是 1963 年 1 月他给周锡光日记本题赠的留言，倾注了他对晚辈教育的热情。

宓今七十，锡光年二十岁，愿锡光时时读此页，到锡光七十岁时，仍读不已。

1. 永不吸纸烟，酒亦不经常吃，多走路，多劳动，以长保我健康之身体与美好之容颜。

2. 养成勤敏之习惯，任何大小事，皆必"心到、眼到、手到"（有时还须口到）。

3. "俭以养廉"；量入为出；非万不得已，不向人借钱（分别"赠"与"借"，借来之钱必须速还——借书亦同）。

4. 固须博览，多看杂书，但无论何书，皆必须（1）一直连续到最后一页、一行，一书未读完，不换第二书；（2）积钱买一部旧版《辞海》，读书有一字之音义不明，必须立刻查出；（3）查出之后，有某句的意思仍不全了解，必须请老师或朋友指教，直到满意为止。

5. 存心忠厚，秉性正直，甘愿吃亏，决不损害别人丝毫。言而有信，处处积极负责。

6. 忠心地服从党、服从政府、学校、各级组织和领导，事事恪守规则。不为危言、激论。言行稳健、步步合法、合理、合情，则常乐而无忧。纸尽，姑正。

吴宓 1963（年）1 月 17 日晚

（《回忆吴宓先生》）

赠言谈到的内容恰似孔子对弟子的说教，既是对弟子的要求，更是自己读书治学、为人处世的准则。这表现出吴宓的人格风范和对学生的殷切期望。更令人感动的是，在十年浩劫中，吴宓饱受虐待之时，一般人尽量躲避他，然而，周锡光竟然能坚持数年，在寒暑假中奔波于成都和重庆间看望吴宓，送来食品，慰藉老人孤苦的心。

1972 年夏天，周锡光又特意来重庆看望吴宓，给吴宓买了几斤腊肉和一些甜食点心，当时吴宓生活极其艰难，"宓今晨在学校食堂取二馒，早餐、晚餐各食一馒（二两），饮开水，不吃菜。午餐吃食堂米饭三两，食堂菜一份（每天固定样菜，不能选择），付钱五分。"但当周锡光给他取出所带来的东西时，他"勃然大怒，马上取出一封信说：'我正给广州一位朋友写信，不许再给宓寄东西！宓是什么人？宓需要精神上的朋友，交谈学术上的事情，你怎么把自己混同在一般物质生活中的人去了？'"（周锡光《追记吴宓教授》）周锡光再三解释，他才安静下来，并警告周锡光今后不许再做这类事。接着，他便把东西分送给别人。当晚，周在吴宓那不足 10 平方米的房子打地铺休息。第二天吃完早饭后，吴宓便又给周锡光上了一早上的课。足见吴宓对精神上朋友的要求远胜过对生活的追求，这正是孔子"君子食无求饱，居无求安，敏于事而慎于言，就有道而正焉"精神的具体体现。

吴宓在周锡光身上大概看到了继承他学术事业的希望，所以他把他的书稿交给周锡光保存，并教导他："中文系毕业的学生不能书读得太少。"于是，他给周锡光开出一个从四书五经到《红楼梦》《聊斋志异》等非常完备的书单。

吴宓与周锡光之间的"忘年交"，既是一代学者对后辈读书为人的殷切期望的体现，也是追求孔子风范的吴宓在"文化大革命"期间精神孤独的唯一慰藉。

"宁可杀头，也不批孔"

　　吴宓生在一个以经商和仕宦为主，并逐渐向商业资本家过渡的封建家庭，从小受到系统的封建传统教育，饱读孔孟经书，儒家的仁义礼智信等思想在他的大脑中深深扎根，进而对孔子产生了崇拜之情。但此时的吴宓对孔子精神、中国传统文化都是一种感性的认识，并不能从理性角度对其作全面的诠释。

　　1911 年，吴宓走出秦地，剪下辫子，带着"堪笑井蛙言大海，愿从赤骥走风尘"的豪情步入清华学堂。他如鱼得水，在知识的海洋中畅游。此时正值中国社会变革期，民国刚刚建立，袁世凯又妄图称帝，众多事情促使他更加关注人生，关切社会。在清华六年，他对中国儒学文化的认识由原来的感性认识上升到理性认识，自觉追慕孔子的人格风范。然而，1917 年兴起的新文化运动狂潮使年轻的吴宓陷入深深的痛苦之中，他对这场风暴不愿轻易介入，但又苦于没有拯救临危的传统文化的利剑，为了摆脱心理上的困惑，寻求挽救民族文化的良方，吴宓告别故土，踏上了去美国的征途。

"吴宓奋臂出西秦，少从白穆传人文。"到了美国，吴宓深受白璧德的新人文主义学说影响。白璧德认为中国儒学的人文主义传统是中国文化的精华，也是东西文化融合、建立世界性新文化的基础。吴宓在白璧德的理论中惊奇地发现了中国儒学、孔子精神的伟大之处，从而更坚定了他坚持传统文化的信念。1921 年 8 月 6 日吴宓回国，并于次年 1 月 1 日与梅光迪、胡先骕等同仁创办《学衡》杂志。他积极写稿，参与论战，高扬孔子精神。

吴宓坚信孔子学说是中国文化的精华，绝不应和世俗，敢于坚持自己观点。他发表了很多赞扬孔子精神的文章，如1927 年 9 月 22 日《大公报》载的《孔子之价值及孔教之精义》一文，全面论述了孔子学说的价值所在。他认为："孔子常为吾国人之仪型师表，尊若神明，自天子以至庶人，立言行事，悉以遵依孔子，模仿孔子为职志，又藉隆盛之礼节，以著其敬仰之诚心。""自新潮澎湃，孔子乃为人攻击之目标，学者以专打孔家店为号召，侮之曰孔老二，用其轻薄尖刻之笔，备致诋谤，盲从之少年，习焉不察，遂共以孔子为迂腐陈旧之偶像，礼教流毒之罪人，以谩孔为当然，视尊圣如狂病。"吴宓坚信孔子学说，"故今虽举世皆侮孔谩孔，虽以白刃手枪加于我身，我仍尊孔信孔，毫无迟惑之情、游移之态，必使世人对孔子及孔教之态度能至如此，则孔子方得为尊，而我对于孔教之责任，乃为已尽"。吴宓把尊孔和维护"孔教"作为自己的责任，并且阐明"孔教"如人人能信奉，社会国家世界均必获益。吴宓阐述孔子的价值有两点：一是孔子本身，孔子是中国文化的中心，以前数千年的文明靠他传播，以后的文化，也受他影响，可以说，没有孔子，就没有中国文化；二是孔子是中国道德理想的化身，人格标准的寄托，孔子一生历尽千辛万苦，为实现自己的理想而不懈追求，尽管他有时穷到了"累累若丧家之狗"的境地，但他没有屈服，没有厌世，仍然笃志勉力，恪守善道。他对孔子这种精神非常赞赏，自觉地从中汲取精神营养。他说："道德之要，在崇善去恶，从是拒非，取义轻利，而人格之成，实由模仿，必取法乎上，乃可免堕落。"因此，他有意模仿孔子的为人，以孔子人格作为标准，并高呼："孔子者理想中最高之人物也，其道德智慧，卓超千古，无人能及之，故称为圣人。圣人者，模范人，乃古今人中之第一人也。"尽管尊孔给他惹来不少的麻烦，其身处"矢以孤身当百毁"之境地，但他毫不妥协，仍然坚持自己的信仰。

　　吴宓推崇孔子重视个体独立人格的思想，他自觉用孔子所说的"志士仁人，无求生以害仁，有杀身以成仁""三军可夺帅也，匹夫不可夺志也"等语作为自己的行动指南。

　　他一生追求孔子所谓的"君子"人格，不管世态如何，从不欺己之志，主编《学衡》时期如此，在1971年全国"批林批孔"时期更是如此。

　　"文化大革命"期间，"四人帮"大搞残酷斗争、无情打击之勾当。他们大肆批判儒家，诋毁孔子。当时全国上下一片讨伐孔子之声，大多学者噤若寒蝉，敢于公开反对批孔的人寥寥可数，据说全国只有三位，吴宓就是其中一人（另两位是梁漱溟、容庚先生）。由于公开反对批孔，吴宓被打成现行反革命。有一次，造反派批斗他，他说："批孔是骂祖宗，从20年代起我就坚持不批孔，宁可杀头，也不批孔。"结果吃尽苦头，但他尊孔之志不改，在这点上，他确实表现得有些"顽固"，不会见风使舵，但也恰恰是这种"顽固"，表现出他敢于坚持的真诚人格。

　　吴宓从不掩饰自己的观点，他认为批孔实质是对自己祖先的野蛮侮辱与嘲弄。他说："我们信奉马克思主义，奉马、恩、列、斯为师。然余未见马克思辱骂歌德、席勒，更未见列宁、斯大林詈罗蒙诺索夫、普希金、托尔斯泰、果戈理！"

　　一次，他看某报载联合国会场悬挂世界各国先哲的警句，其中也有孔子语录，而我国向联合国竟提出抗议的报道，他大为不解，愤怒地说："此不啻邻里恭称尔之大曾祖父德高望重，而尔乃愤然作色曰：'住嘴！汝胡说！我之大曾祖父乃恶劣卑鄙之流氓！'呜呼！炎黄子孙乃有丧心病狂以至于此者！""宓愿公开大声疾呼：余坚决反对所谓'批孔'之无赖行径。倘为此而如耶稣之钉上十字架，亦所心甘！"敢于面对全国山呼海啸般的批孔浪潮，坚持自己的观点，这是多么强大的精神和勇气啊！而他的精神正源于孔子的正直人格。他曾对他的密友说："此绝非一时意气用事，实乃深思熟虑，理智之决定。眼见中华五千年文化毁于一旦，我辈焉能哺其糟而啜其醨？"他仍坚持他在20世纪20年代时的观点，认为孔子是中华文化的重要象征，是中华民族高尚道德的一代宗师，践踏孔子即是践踏中华五千年文化，践踏中华民族的道德传统。他以保护孔子为自己义不容辞的责任。

一次，西南师范大学中文系一领导和他谈心，让他带头批孔。他坦诚地说："宓为人憨直，从不做违心之事，束发受书，即宗孔子，方今已年近80，亦曾习西方学说，并亦研读马克思、列宁之经典著作，会通以观，深思穷究，更复对照马列经典，无法得出结论，孔子有害于中华文化，有害于今日之富国强兵，有害于今日革命如时下报刊所云。宓乃确知，批判孔子，尤其并林彪同轨而批判之，实为非是，认识如此，不敢伪饰，此乃宓之真心。"

　　他的这种坚持己见、矢志不渝的品格，与孔子的精神一脉相承。因此，他和孔子一样，都是知其不可而为之的时代悲剧英雄。让我们用美学家李泽厚的一段话作为本篇的结束语："（孔孟）那种来源于氏族民主制的人道精神和人格理想，那种重视现实、经世致用的理性态度，那种乐观进取、舍我其谁的实践精神，都曾在漫长的中国历史上感染、教育、熏陶了不少仁人志士。"（《中国古代思想史论》）吴宓正是这无数的"仁人志士"中的一个。

吴教授书单

吴宓最爱读书，也最爱教人读书。自 20 世纪 20 年代他任东南大学教授起，至 70 年代他任西南师范大学教授为止，共开了 4 个书目，指导学生学习。这 4 个书目是：

（一）《西洋文学精要书目》（载《学衡》第 6、7、11 期《述学》）；

（二）《西洋文学入门必读书目》（载《学衡》第 22 期《述学》）；

（三）《〈文学与人生〉课程应读书目》（《文学与人生》第 3 页至第 9 页）；

（四）给西南师范大学中文系学生周锡光开列的书目（《龙门阵》，1990 年第 3 期）。

现就《〈文学与人生〉课程应读书目》作初步分析。

吴宓在《文学与人生》中称这个书目为"To make the students read certain fundamental good books which should be read by every good and intelligent man and woman."（使学生阅读每一聪明正直的男人和女人都应当阅读的某些基本好书。）现将《文学与人生》课程应读书目（1936—1937，吴宓编选）内容介绍如下：

四书（论语，孟子，大学，中庸）

毛诗（国风）

礼记（礼运，学记，乐记，儒行）

春秋左传（长篇纪事）

史记（项羽本纪，孔子世家，伯夷列传，屈原贾生列传，刺客列传，李广列传，公孙弘列传，游侠列传，滑稽列传，货殖列传）

前汉书（艺文志，张耳陈余列传，窦田灌韩列传，司马迁传，佞幸传，外戚列传）

后汉书（党锢传，郭符许列传，独行传，逸民传，列女传）

资治通鉴

柳诒徵：中国文化史

冯友兰：中国哲学史

楚辞王逸注（屈原：离骚，九歌，天问，九章，

远游，卜居，渔父）

古诗源

十八家诗钞

杜诗镜铨

吴梅村诗集

顾亭林诗集

黄节：蒹葭楼诗

吴芳吉：吴白屋先生遗书

吴宓诗集

艺蘅馆词选

桃花扇传奇

长生殿传奇

世说新语

汪国垣编：唐人小说

张潮辑：虞初新志

水浒传

石头记（红楼梦）

刘宗周：人谱

陈宏谋辑：五种遗规

吴宓编：Outlines of the History of Greek Literature

Dialogues of Plato—Translated by Jowett, Vol. Ⅰ, Ⅱ, Ⅲ

柏拉图五大对话集——郭斌和、景昌极合译（商

务印书馆发行）

The Republic of Plato—Translated by Lindsay
（Everyman's Library）

柏拉图之理想国——吴献书译（商务印书馆发
行）二册 Nicomachean Ethics of Aristotle—Translated
by Welldon（Macmillan）or by Chase（Everyman's
Library）

亚里士多德伦理学——向达译（商务印书馆发行）

Aristotle's Politics—Translated by Jowett（Oxford）

Aristotle's Politics—Translated by Welldon（Macmillan）

Butcher：Aristotle's Theory of Poetry and Fine Art

亚里士多德诗学——傅东华译（商务印书馆）

Stace：Critical History of Greek Philosophy

批评的希腊哲学史——庆泽彭译

A.E.Taylor：Socrates

Paul E.More：Platonism

Paul E.More：Religion of Plato

Wallace：Outlines of the Philosophy of Aristotle

A.E.Taylor：Aristotle

M.De Wulf：Philosophy and Civilization in the
Middle Ages

中古文化与士林哲学——赵尔谦译述（传信书局

发行）

Hoernlé : Studies in Contemporary Metaphysics

Hoernlé : Matter, Life, Mind, and God

Hoernlé : Idealism as a Philosophical Doctrine

冯友兰：A Comparative Study of Life Ideals

冯友兰：人生哲学（商务印书馆新学制高中教科书）

景幼南：哲学新论（南京书店）

许思园：On the Nature and Destiny of Man

景昌极：道德哲学新论（钟山书局）

黎锦熙编：佛教十宗概要

黎锦熙编：宋元明思想学术文选

Sacred Books of the East—Vol. XI（Buddhist Sutras）

频迦精舍校刊大藏经，昃十卷

大正新修大藏经，第一卷

Holy Bible

新旧约全书（中文文言译本）

A.E.Zucker : Western Literature—Vol. II : Bible&Middle Ages（圣经及中古文选——商务印书馆印行）

赵紫宸著：耶稣传

Paul E.More : Christ of the New Testament

Thoughts or Meditations of Marcus Aurelius ;
Discourses of Epictetus（合订一册）

Essays of Montaigne（World Classics 英译本 2vols.）

Bacon's Essays（Bohn's Library）

Pascal "Pensées" 英译本（Everyman's Library）

La Bruyère "Caractères"

La Rochefoucauld "Maximes"

Burke : Reflections on the Revolution in France，
etc.（Everyman's Library）

Joubert "Penseés"

Stendhal "De I'Amour"

Sainte-Beuve's "Causeries du Lundi" —English translation
by E.J.Trechmann.7 vols.（Routledge）

Sainte-Beuve's Portraits of the 17th Century—
English translation（2 vols.in I）

Matthew Arnold : Essays（Everyman's Library）

Paul E.More : Shelburne Essays—Vol. Ⅰ—Ⅺ

Babbitt : Literature and the American College

Babbitt : The New Laokoon

Babbitt : Masters of Modern French Criticism

Babbitt : Rousseau and Romanticism

Babbitt : Democracy and Leadership

吴宓等译：白璧德与人文主义（新月书店）

Stuart P.Sherman : On Contemporary Literature

Century Readings in English Literature

Oxford Book of English Verse

C.H.Page : British Poets of the 19th Century

The Works of William Shakespeare（全一册）

Shakespeare's Hamlet（edited by G.P.Baker）

邵挺译：天仇记（商务印书馆，小本小说）

田汉译：哈孟雷特

梁实秋译：汉姆来德

Molière's Comedies—English translation（Everyman's Library）2 vols.

赵少侯译：恨世者（正中书局）

Castiglione's Book of the Courtier（Libro del Cortegiano）, in English translation（Everyman's Library）.

Chesterfield's Letters to His Son（1774）—（Everyman's Library）

Boswell : Life of Dr.Johnson（1791）—（Everyman's Library）2 vols.

The Confessions of Rousseau　英译本

张竞生译：卢梭忏悔录（节本）

Newman：Apologia Pro Vita Sua（1864）—（Everyman's Library）

梁济：桂林梁先生遗书

熊十力：尊闻录

徐志摩：爱眉小札

朱湘：海外寄霓君

钱基博：现代中国文学史（世界书局 1936 年增订本）

林语堂：My Country and My People、The Arabian Nights

奚若译：天方夜谭（商务印书馆说部丛书初集五十四编）四册

Cervantes：Don Quixote　英译本（Modern Library 一册全）

林纾、陈家麟译：魔侠传（商务印书馆　万有文库）

蒋瑞青译：吉诃德先生（世界书局　世界少年文库本）

Bunyan：Pilgrim's Progress（Everyman's Library）

译者名佚：天路历程

Swift：Gulliver's Travels（1726）—（Everyman's Library）

林纾译：海外轩渠录（商务印书馆说部丛书）

韦丛芜译：格里佛游记（未名社）

Voltaire's Tales　英译本（Bohn's Library）

陈汝衡译（吴宓校注）：福禄特尔小说集（商务印书馆　世界文学名著）

徐志摩译：赣第德（Candide）

Fielding : Joseph Andrews（1742）—（Everyman's Library）

Fielding : Tom Jones（1749）—（Everyman's Library 2 vols.）

Fielding : Amelia（1751）—（Everyman's Library 2 vols.）

Goldsmith : Vicar of Wakefield（1766）—（Everyman's Library）

商务印书馆编译所译述：双鸳侣（商务印书馆说部丛书）

伍光建译：维克斐牧师传（商务印书馆 1935）

Jane Austen : Pride and Prejudice（1813）

杨缤译：傲慢与偏见（商务印书馆，二册）

Thackeray : Vanity Fair（1847—1848）—（Everyman's Library）

伍光建译：浮华世界（Max J.Hergbrig 节本）

Thackeray : Pendennis（1849—1850）

Thackeray : English Humourists（1851，1853） —
（Everyman's Library）

Thackeray : Henry Esmond（1852）

Thackeray : The Newcomes（1854—1855）

George Eliot : Middlemarch（1871—1872）—（Everyman's
Library 2 vols.）

George Meredith : Richard Feverel（1859）—（Everyman's
Library）

Flaubert : Madame Bovary（1857） —（Everyman's
Library）

李青崖译：波华荔夫人传（商务印书馆）

Tolstoy : Anna Karenina（1875—1877）—（Everyman's
Library 2 vols.）

陈家麟、陈大镫译：婀娜小史（中华书局）

Thomas Hardy : Tess of the D'Urbervilles（1891）

吕天石译：苔丝姑娘（中华书局）

张谷若译：德伯家的苔丝（商务印书馆1936）

Arnold Bennett : Old Wives'Tale（1908）—（Everyman's
Library）

王友竹译：老妇谭

Sinclair Lewis : Main Street（1920）

杨历樵（白华）译：大街（二册，大公报社）

　　潘式（凫公）：人海微澜（二册）

　　潘式（凫公）：隐刑

（《文学与人生》）

　　那么，这个书目有什么特点呢？

　　答案应该是它的超前性、系统性和会通性。吴先生开设"文学与人生"课的目的，是使学生"通过文学研究人生"。他不仅要求自己的道德日臻完善，而且以自己的言传身教影响学生，以提高学生的道德素养。在世风日下、人心不古的 20 世纪 30 年代，这种想法是十分超前的。吴先生开列的书目包括了文学、历史和哲学三个方面内容，吸收了古今中外诗人、作家、哲学家思想的精华，不是点滴，不是片面，而是完整的、全面的。吴先生在书单中还特别注意了中西会通、古今会通，兼取东西方历史上和现代的各家之所长，融会贯通，创造出新的道德观念，而不是将中西、古今对立起来。总而言之，这份书目是吴宓一贯坚持培养"博雅"之士理想的体现，试想，一个学生认真地依照它读了那么多文史哲名著，并身体力行，怎能不变得既博且雅呢？

拳拳日记，省身之语

    吴宓先生在给清华外文系制订教学计划时就强调要培养学生多读书，力争使之成为"博雅之士"。他这样教育学生，自己更是这样做的。翻开厚厚的十大本，近四百万字的《吴宓日记》（这还仅是他前半生的日记），就强烈感觉到一种"博雅之士"人格魅力的强大感召，使你对这位道德君子产生由衷的仰慕之情。细读这本日记，确实令人受益匪浅。

    记日记并非难事，但要坚持不懈，几十年如一日绝非易事，这便显现出人的意志力。正如吴宓在他日记（1910年）开篇写道：

        天下之事，不难于始，而难于常，所以毅力为可

贵也。日记，细事也，然极难事也。余作日记，始于
丙午，迄今五载，无一年能完毕者……他日再辍与否，
吾不敢知，惟当尽力继作，以求毋浪掷此可贵之光阴。

他把写日记看作自己生活的一部分，是对自己读书、
为人的总结，是两个吴宓的知心对话，就如曾子所言"吾
日三省吾身"。因此，从他的日记中可见到他的为人、治
学、读书的态度。正如他女儿吴学昭在《吴宓日记·后记》
中说的那样：

> 父亲一生做事认真，而写日记可说是他做得最认
> 真的一件事。父亲曾说，他经常写日记，是"由于他
> 的性情习惯"。写日记，他"感觉是自己对自己作交
> 代，和自己进行着亲切的密谈；重读旧时日记，则宓
> 可得到无穷的快乐和安慰"。所以，虽然他屡次因为日
> 记所述的思想议论立场观点而遭到揭发批判；虽然常
> 有人规劝他不要再写日记，以免累及亲友，他仍"执
> 迷不悟"地要写。甚至在"文革"期间，身为"牛鬼
> 蛇神"参加劳动改造之时，他照写日记不误。当时，
> 他写一页，监管他的红卫兵便收走一页；再写再收，
> 收了还写。红卫兵不胜其烦，后来干脆不收了，命令
> 他把劳改队的要事统统写进他的日记，就作为"劳政

队大事记"由他保管。他对写日记的执着，于此可见
一斑。

可见，吴宓对写日记是多么看重，他是在用心、用生
命写日记。尽管这些日记在那个颠倒黑白的年代给他带来很
大的苦难，但他固守善道，终生不悔，就凭这一点，就可显
现出他人格的崇高。

《吴宓日记》是一部真实记录"博雅"君子读书、为
人、生活的著作。透过文字，我们可以感受到这位淡泊名
利、终生学习的学者的精神风貌。正如他的学生、一代国学
大师钱钟书先生在《吴宓日记·序》中所评："（不才）读
中西文家日记不少，大率露才扬己，争名不让，虽于友好，
亦嘲毁无顾藉；未见有纯笃敦厚如此者。于日记文学足以自
开生面，不特一代文献之资而已。"钱钟书用"日记文学"
一词来评价《吴宓日记》确实很有见解。《吴宓日记》确实
犹如他的传记，将他人生成长的历程形象地展现出来，塑造
了一位不慕名、不求财、不为官、只好学的一代学贯中西的
学者形象。

作者从1910年起一直写到生命即将终结的20世纪70
年代，其中关于书的内容最为丰富。《吴宓日记》中几乎每
天都记录着他所读的书名及读后感。如1911年3月14日
"日记"写道：

午，阅《壮悔堂全集》共一函六册：计《壮悔堂
文集》四册，《四忆堂诗集》二册。明末侯方域所著
也。侯生风流英宕、慷慨不羁。读其文章，阅其著述，
亦可想见其为人，余心甚折之。顾其初年，雅负经济
才，不仅以文自豪，指讽时事，规划文略，至为恺切。
及入国朝，乃穷隐一乡，日与二三故友，以文学道义
相切磋，功名仕进之途，已绝意不复问津。其宗旨所
在，于其文中（若《答吴骏公书》及《与张尔公书》
言之最显）常明言之。吾又读其《郑氏东园》及《管
夫人画竹》诸记，则朝宗故国之戚，兴亡之感，未尝
一日去其心也。至若辛卯（顺治八年）一应省试，特
略饰耳目以自解祸（是时当事欲案治侯生以及于父司
徒公者有司，趋赴省试乃免）耳。岂真有意见功名于
本朝哉！

此时，吴宓仅有 17 岁，但这则日记对侯方域的评价之
准确，语言之精练，如同资深学者。接连几天日记，都记载
读《壮悔堂全集》之事。

《吴宓日记》记载自己读书生活是第一内容，他把写日
记作为练笔的好方法，很多在日记中所写的书评后来都成了
他的主要诗文理论著作。如 1915 年 1 月 6 日写道：

晚，读《王临川诗集》，遇有感触之语，辄摘存之，得若干条。

荆公诗意境绝高，工夫亦到，而世人读之者，不如温、李诸集读者之多，实大憾事。梁任公先生作《政治家之王荆公》，推崇至极，而荆公之道德、经济、学术、文章，始大白于世。任公并表彰荆公之诗，所摘举固未能遍。以余论之，诗虽文章末技，然非有极大抱负，以济人利物为吾志者，作之必不能工。词工而义鄙，则终难期其必传。故学诗者，匪特学其诗也，必先学其人格、学其志向，而后成诗，则光芒万丈。诗不以人废，而人且藉诗以传。如荆公本经济家，初仅以诗文为余兴，然诗中，往往见其抱负之雄、愿力之伟，足可为法后生。以此旨读诗，则虽雕虫末技，亦可免于玩物丧志之讥乎？

作者对王安石的诗作了精深的评论，尤其能从政治、经济与诗的关系的角度予以评价，尽管还不够全面，但作为一个青年学生已是很了不起了。诸如这类读后感式的日记在《吴宓日记》里比比皆是，可以说，他的日记是记载作者读书最多的日记。可以看出，作者几乎天天与书为伴，读书是他生活中最重要的内容。

其次，《吴宓日记》表现出作者为人真诚，品行敦厚，时时充满了对自己的反省之语。如 1915 年 11 月 5 日写道：

> 余生平有最伤心之事，即余拙于言词，短于酬应，优孟登场，辄少成功，所谓出风头之才不足是也。人固以实是为贵，然既处社会间，即不得不以平人之眼光，为敷衍从俗之举。往往一己言动举止，人即藉是以决我之智力，影响甚大。乃以此弱点，常多失败，往往商事、晤人、演说、欢聚，先期筹思妥当，内蕴不乏，徒以当场见绌，声色遽减，不克尽如所期。近者年愈长，识愈敏，处事愈多，而此弱点，亦更深切著明，其伤余心实甚。常力求改进，终少裨补。

这里，年轻的吴宓已经知道对自己性格中的缺点进行反思，并力求改进，但收效不大。这正由于他为人本性真诚，所以随时应和的本领他是学不来的。这是他的缺点，也是他的优点。每当处理与他人关系时，他总是"损己利人，间亦多失望之事，然力自鞭策，必日日有裨于世，行乃不愧影、寝乃不愧衾也"（1915 年 4 月 24 日）。他认为人处社会"犹撑舟而冲急流"，"无论如何，终当尽我心力，前仆后起，则大千世界，赖以维持"（1915 年 10 月 25 日）。他主张"守身制欲"，培养自己高尚的情操。他说："少年志士，尤当以守身制欲为急务也。至于制欲方法：（一）心当有所专注，或学问，或事业。（二）宜以高尚之思想，注意天然之美。（三）注意卫生清洁，并体操。（四）即必欲求消遣之道，如书画棋弈。习其一，不犹愈乎？"（1915年10月7日）由此可见，吴宓从年轻时起就对自己的品行要求很高，他一生力主真诚，不管做任何事都非常认真，有时甚至到了烦琐的程度，但正是从这些细小的事情中反映出他为人谨严的作风。如1947年11月10日写道：

晴。晨同君超入校。8—10上《世界文学史》课。次办公。领到《文副》42、43期稿费共三十万元。

下午3—5赴聘任委员会。

晚访煦。吴嫂购来鸡卵10枚（＄14500）。

他几乎把一天中的大小事情都写入日记，连保姆买几个鸡蛋，花多少钱都一丝不苟地记上，这恰恰表现出他的憨直、认真。也正因如此，他当时同学术界人士的交往也都被非常详细地写入了他的日记。由《吴宓日记》后面的"中文人名注释索引"可以看出他同学界名流的密切交往，这点又增加了他日记的史料价值。

就是这样的一位值得尊敬的老人，他的日记却在"文化大革命"期间，给他带来了悲惨的命运。但他并不后悔，

仍然艰难地拿起笔继续写着日记:

　　今日已成中文系革命师生对宓等之揭发、批判会。
所有发言,皆宣示宓等之罪状,严词责讨,大祸从此
发作矣。夕,散时,命我等明晨6—8时作本教室清洁。

（1969年3月5日）

　　阴。晨,"请罪"及取早餐时,皆宣读今日特编之
政策一束。上午学习,宣读"政治思想战线上一个新
课题"[实即清华文件之(三)节],又命朗读五遍。

（1969年4月3日）

　　晴。宓3月6日来此时,自谓"恐难生还203家
中"。今晨,总结近日之观感,成为三条,如下:(一)
只要不斗争,生活万事足;(二)饮食(如煮鸡卵),
可有可无;(三)群众之打骂,同人之责骂,悉当恭默
忍受。今日上午、下午、晚,皆续撰交代(十八)批
判宓一生的写作,未完。

（1969年4月7日）

（《吴宓专辑·吴宓日记摘抄》）

　　看着这些饱含羞辱、无奈、悲伤的日记,我们仿佛看

到了那位年逾七十，两鬓染秋，毕生传道、授业、解惑的先生所受到的非人折磨，听到他悲凉的呐喊！然而，历史又是公正的，一时兴风作浪的小丑终于被扫进历史的垃圾坑，而吴宓先生的高尚人格随着时间的流逝，愈显其高尚！《吴宓日记》的顺利出版，并拥有读者之多，也正说明了这一点。

终生好书，与书相伴

　　对于一位读书人来说，最大的满足莫过于写书、读书、编书，藏有万卷自己珍爱的书。吴宓的一生，可以说与书相伴。

　　少年时代的吴宓就对书产生了浓厚的兴趣，他不但读书，而且非常喜欢写书、编书。1909 年，年仅 15 岁的吴宓便与他的表兄胡文豹等创办《陕西杂志》，该刊由西安公益书局印行，成稿三期，终因经费不足只出了一期，这可以算是吴宓平生编的第一本杂志。他在该刊物上发表了自己的小说处女作《军国民》（第一回），小说以日俄战争为素材，反映出文学少年的忧国之情。这年暑假，吴宓将自己的诗作，共计 60 余首，编为《雨僧诗稿》。

　　进入清华后，吴宓犹如一位久渴之人遇到甘露，他如饥似渴地读书、写诗、作文，表现出超人的才华，还在当时《清华周刊》上开辟栏目，被誉为"清华一支笔"，发表了很多相当有影响的文章。后来，他把较有影响的《余生随笔》之文附在自己的诗集后。

正如白居易总结自己"始得名于文章，终得罪于文章"一样，吴宓一生因《学衡》而成名，也因《学衡》而招致祸患。1921年8月，27岁的吴宓回到祖国，深受白璧德人文主义影响的他，对祖国传统文化是那样珍爱，出于"论究学术，阐求真理，昌明国粹，融化新知。以中正之眼光，行批评之职事。无偏无党，不激不随"的目的，吴宓与同仁们于1922年1月1日在南京创办了《学衡》杂志，吴宓自任总编辑，为这一杂志，可以说他付出了大量的心血。《学衡》编辑、撰文都无报酬，他不但挣不到钱，而且还要经常贴钱，但为了保留祖国的优秀文化，吴宓默默地辛勤工作。《学衡》正是有像他这样的谦谦君子，才能在艰难的情况下得以生存。直到1933年，因《学衡》在南京的编委提出将刊物交付南京钟山书局出版，吴宓在编完第78、79期之后正式辞去总编辑职务，从此，《学衡》再也没有出版一期。吴宓既是《学衡》的主编，也是主要撰稿人，他在《学衡》上发表了大量有关比较文学与外国文学的学术论文。正由于《学衡》，他一直被视为反动守旧派的代表人物，但也正是由于《学衡》，才使人们在时过半个多世纪后更加意识到他思想的精深、人格的高尚，"是一个真正的人"
（季羡林语）。

　　1928 年，34 岁的吴宓正处人生精力充沛时期，他身上
有使不完的劲，只要有利于弘扬祖国文化的事，他都不遗余
力。尽管此时他在清华授课任务较忙，还要编《学衡》，但
他仍欣然同意天津《大公报·文学副刊》的聘请，出任主
编。从 1928 年 7 月 2 日起到 1934 年 1 月 1 日，共编 313 期，
除 1930 年 8 月至 1931 年 9 月游学欧洲期间请浦江清代编第
134 期至第 194 期外，其余均由吴宓主编。

　　他在编稿中能以一位编辑的公正之心对待稿件。当他
的好友徐志摩遇难时，他便立刻请叶公超撰写哀悼文章，在
1931 年 11 月 30 日他编的《大公报·文学副刊》中刊登。
12 月 14 日的《大公报·文学副刊》可以说是悼念徐志摩
的专刊，他刊登了胡适《狮子》等赞颂、悼念徐志摩的诗
文，也登了对徐志摩有责备的文章，如杨丙辰投稿的《大
诗人——天才——徐志摩和他的朋友们》。正由于此文，吴
宓也遭到徐志摩朋友们的指责。吴宓对此事的看法是这样
的："由我的理智看来，此实精到之论，然而杨君责备志摩
离婚等等都是'好玩'，凡是受过雪莱影响、身历人生困
苦的人，谁不为志摩同情而哀悼呢？我个人心中确是袒护志
摩；然而编辑的天职，遇有好文章，必须以公平的态度急为
刊登。我一生处处感觉 Love（所欲为）与 Duty（所当为）

的冲突，使我十分痛苦，结果，我便于1932年1月11日的《文艺副刊》栏中，登出杨君之文；同时又登出方玮德再谈志摩的一封信——是赞美志摩的。"

再比如，他同爱国诗人王荫南的友情，是由他在编《大公报·文学副刊》时积极宣传抗日思想而结下的。

1935年，41岁的吴宓终于编辑完自己的前半生作品集，即《吴宓诗集》，该书由上海中华书局出版，收录了他从1908年至1933年间创作的古体诗991首，词25首，卷末附录了他在《学衡》杂志、《大公报·文学副刊》上发表的评诗论文27篇，以及《余生随笔》《英文诗话》和《空轩诗话》等，可以说，《吴宓诗集》是他前半生创作、研究的总结。

吴宓一生在读书、教书中度过，一辈子同书打交道，他写下大量的讲义，如《世界文学史大纲》《中西比较诗学》《英国浪漫派诗人》《欧洲小说》《西洋文学史》《文学与人生》等，在他71岁高龄时，仍然克服困难结合教学编撰了《世界通史》《外国文学史》《外国文学名著选读》《中国文学史大纲》《法文文法》《拉丁文文法》《简明英文文法》《中国汉字字形、字音沿革（发展变化）简表》等讲义、论著。足见他终生勤奋好学，实为一代楷模。

早在清华执教时期，吴宓就主张培养学生做"博雅之士"，要求学生专心于学问，以成为饱学之士为荣。因而，他的很多学生都成为某一方面的专家学者。吴宓自己也正是这样做的，他终生不慕虚名，不入官场，总认为"宦海浮沉终非学人所宜"，不管时世发生怎样的变化，他总是静下心来认真阅读自己钟爱的书。

吴宓是一位为人讲究真诚的人，他常常总结自省，他登在 1952 年 7 月 8 日重庆《新华日报》上题为《改造思想，站稳立场，勉为人民教师》的"思想检查"，尽管是在外在迫使下不得不写的文字，但仍然透过文字表现出他那颗真诚的心。尤其令人感动的是他在文中分析了自己一生喜好中国文化的思想轨迹，讲明他读书的经历。可惜，这篇文章不是以谈读书经验的口吻写出，而是以批判自己的笔调写成，因而更具有几分令人感伤的悲剧色彩，也因此增加了此文的魅力。现摘录有关他读书和钟爱中国文化的段落以飨读者。

（一）

我是封建地主家庭出身，多年浸润在旧礼教旧生活中，所以我有极深的封建思想。而我自幼喜读旧书，自四书五经至小说笔记，所读极多。这都是数千年中国封建社会的产物，封建统治阶级的思想法规与生活写照，我却极端地迷恋、向往、憧憬着。我自幼未历贫苦，"不辨菽麦"，虽 7 岁以前长住乡间，7 岁即旅行由陕至沪，而丝毫不知观察农民以及舟车负贩劳苦大众的实际生活情形；社会中的人情世故我亦不留心，只是钻在书中，走入一个空虚的理想世界，完全脱离了现实。而且我将中国旧书所明白揭载的中国封建历史文化的暴乱残酷丑恶方面，故意不去注意，"眼不见为净"。只要看着、想着其中我所佩爱的那一部分，譬如尧舜禹汤以至孔子孟子，我认为全是真的最好的人物模范，下而崔莺莺、杜丽娘、林黛玉等，虽是小说虚造，亦认为比真的人物更完美，更值得欣赏爱慕。类此，我把《周礼》(《周官》)一书，认为是中国古代所曾经实行的政治社会制度的写真，可以说是纲举目张，对人民福利关怀的无微不至。这样，我以虚幻的想象，造作的感情，唯心论的主观，把整个中国封建制度的历史与文化，完全理想化了。我只倾心注目于我所造的图画影片，而不知不看中国古来以及现今的实际情形，自然无所谓劳动人民创造历史的观点与阶级观点。在具体的事物中，我最爱中国文字之美，我亦爱中国的山水画人物画，却亦爱街市商店中所陈列的手工制造的物品，认为都是中国历史的遗产，中国文化的结晶，这些都应当珍贵、爱护、保存，并且继续发展。但不知这都是数千年来我国劳动人民的血汗与劳动的结晶。总之，我认为中国文化是好的，古今政治是坏的。我们的责任，是在任何阶级统治，任何现实情况之下，去努力保存并发展中国文化之好的部分，好的方面（用不着摧毁反动统治），至于那坏的部分坏的方面，自然会消灭的，不劳我们去注意的。

我甚至假定说：中国即使亡于日本或任何国家，都不足忧，二三百年后中华民族一定可以恢复独立驱除异族的统治，但若中国文化灭亡或损失了，那真是万劫不复，不管这灭亡或损失是外国人或中国人所造成的。

我又说：大多数人都溺于实际，喜作政治活动，只有极少数人才知宝爱理想的文化，愿为文化尽力，我便是其中之一人了。以上是我的封建思想的国粹主义。这由于我的地主家庭出身，亦由于我所饱读的旧书全是中国数千年封建统治制度的产物。这种封建思想的国粹主义，在我心中根深蒂固，是我一生最主要的思想。我后来在我所主编的七十九期《学衡》杂志中，又在《大公报·文学副刊》以及他处所表现的，全不外乎此。《学衡》杂志在五四运动后，提倡文言文与旧诗，并主张要尽可能地保存旧礼教旧道德，在当时确曾阻碍了革命与进步，为顽固派张目吐气，间接拥护着那时的封建统治。《大公报》本系官僚资产阶级吴鼎昌等所创办，该报标榜言论自由独立，实则为国民党反动政府所利用，终于强迫收买。我为之主编副刊，自然亦是提倡封建思想，为反动统治阶级服务的了。

此外，我作清华国学研究院主任时，亦极力发挥我的国粹主义，反对琐细事物的考证研究，虽未能畅行其志，不久便被迫辞职。

（二）

我所受的教育，是欧美资产阶级的教育。我在清华学校肄业6年，毕业后在美国留学4年，后来又在英国留学1年。在清华大学任外文系教授（连西南联大时期）近20年。清华是用美国退还的庚子赔款所办，而间接受美国人管理的学校。我作学生时，校中师生讲的全是英语，唱的是美国歌，美国史和美国公民学列为正课。举此可知清华师生所受崇美思想熏染之深了。我在美国，追随"新人文主义"大师白璧德先生，认为他的学说是综合古今东西的文化传统，是超国界的，他并且明白斥责当时的美国政治是"颓废无力的帝国主义"而将趋于衰亡。但实际是因为白璧德教授的学说，提倡"人类之公性"；表明"人性"与"物性"不同，尊崇希腊的唯心哲学，兼取中国的儒教与印度的佛教；强调古典主义文学之道德与纪律等等，都与我的好古保守、唯心理想的倾向相合，都与我原有的封建思想国粹主义水乳交融，所以我热烈地接受了。这样，我在留学时期所吸收来的，是西洋的保守的反

动的资产阶级思想，是现代欧美资产阶级维护他们的
残酷的剥削与统治所凭藉的学说，亦即是帝国主义实
行侵略所利用的文化宣传资料。此外还有一般的英美
式政治社会思想，无非是资本主义经济下的改良主义，
我都饱吸满载而归。归国后，便在我所主编《学衡》
杂志中，《大公报·文学副刊》中，作了多年的发挥与
宣传。这样，我虽自命为一贯超然与中立，以为我未
曾加入任何党派，《学衡》杂志未收取过分文稿费或津
贴，而且自己曾捐薪水作经费，实则，在工作与思想
上，我多年很用力地为中西反动统治阶级及帝国主义
服务，为唯心哲学自由主义改良主义作宣传，阻碍了
进步与革命。所以我的地主阶级出身，与我欧美资产
阶级教育，是殊途同归，相得益彰，两方面有同样的
恶果，而更加重了我的责任与罪过。因为，很多读我
的文章的人，认为我是学贯中西，知此知彼，既然亚
里士多德同孔子都主张中庸，既然英法古典文学亦注
重"君子"人格的模仿，岂不是《论语》《礼记》以
及人谱类记五种遗规等书更应当熟诵而实践么？我曾
被誉为"留学生中的圣人之徒"，又曾被人作剧本嘲
笑为"新学究"。此等事正可说明我曾挂着中西合璧、
新旧兼营的招牌，在制造着贩卖着双料加工的思想毒
素，比那漂亮时髦的"新人物"，比那迂腐呻吟的老

学究，种下了更深远更广大的恶影响。……我鼓励学生多多读书，成为"博雅之士"，我曾指导学生作专题研究的论文，注重琐细事物考证。我喜爱"天才"的学生，而轻视成绩中等下等的学生。更常说中国古代和西洋中世纪如何地美好，英法德美等国学术文化如何的渊深，并称赞英国政治上的思想自由，社会中的合理秩序等等，用这些伪说妄谈，麻醉了青年心目，助长了反动统治政权声威。特别是我个人，在教课中提倡人文主义，讲授超政治世界文学史，事实材料极为详备，而毫无思想批判。我又时常表现出，我喜爱欧洲18世纪以来的和平改革运动，而厌恶那激烈的流血革命斗争，即是，我一贯提倡着资产阶级的改良主义，即是英美式旧民主主义的政治思想。抗战前，我在清华对学生运动，不参加亦不反对，对当时所谓左派或右派的学生，我一律平视，又曾在教授会中发言，自许为中立，不偏不倚地支持张奚若亦同情张申府，我又最喜谈雪莱式与托尔斯泰式、罗曼·罗兰式的博爱与人道与儒家的仁德，佛教的慈悲结合，于是主张止杀与息争，无标准地反战、主和。甚至到了1949年春，我还赞成那种划长江为界，让国共南北分立，和平竞赛的荒谬主张（实是国民党缓兵之计，苟且求存的一种策略）。像我这样愚蠢的错误，完全不能认明敌我，划清界限，都是欧美资产阶级教育所给我的病毒。
在检讨起来真觉得不寒而栗了。

（三）

我出身封建地主阶级，受了欧美资产阶级的教
育，然而我的性情与我的生活方式却是小资产阶级的。
我对事对人，喜用感情，缺乏理智的判断与意志的坚
持。……同时我还有一种毛病，我注重文学与生活中的
男女关系，我喜谈恋爱。这其中有三种错误的，虚幻
的，乃至不健康的思想成分。第一是中国风花雪月的
旧诗词与才子佳人式的旧小说。第二是西洋浪漫主义
文学如歌德、雪莱、缪塞等诗人之爱情观，加上中世
纪骑士文学所产生的堂吉诃德先生精神。第三是英美
通行的男女交际及当时所谓新家庭新人物之礼俗习尚，
例如认为太太必须能说英语法语，能与外国人交际应
酬等。总之，这些思想成分，都是有闲阶级的，都是
虚幻不合现实，恶劣，乃至十分可耻的，而其发展之
终极，直到资产阶级的高度奢侈享乐腐化生活，与利
用势力霸占，强取豪夺，视女子为美丽商品，而许多
所谓交际花，名媛闺秀，亦甘为"花瓶""玩偶"而
不自惜……我这种生活涉历，有两个实际的结果。第
一是 1935 年出版的《吴宓诗集》，这是一部旧诗集，

我的文学传记。当然以象牙之塔中的我自己为中心，分析情感，抒写性灵，整齐的韵律，美丽的词华，然而全是违背毛主席《在延安文艺座谈会上的讲话》所指示的民族的、大众的、科学的、以工农兵为题材与对象的人民文学。现在看来，自应拉杂摧烧，不敢示人。然在出版后多年中，诵读并欣赏甚至摹仿《吴宓诗集》的青年亦有人在。我在思想上毒害了这些青年，自应在此坦白地承认不讳。第二是我在昆明、成都、武汉等地，屡次为人讲说《红楼梦》。虽未售票敛钱，有时亦隐寓道德之教训，暗指时政之得失，然而正当人民革命解放战争将成功的时候，我却作此演讲，以娱乐资产阶级的少爷小姐们，结果是把许多来听讲的男女青年，引离革命的现实而趋向于享乐腐化。这种麻醉青年举动，对当时的反动统治阶级是有利的。1948 年秋，我即决意辞卸国立武汉大学外文系主任职务，到成都任教，目的是要在王恩洋先生主办的东方文教学院研修佛教，慢慢地出家为僧，并撰作一部描写旧时代生活的长篇小说《新旧因缘》以偿我多年的宿愿。直至 1949 年春夏之交，方能得来到重庆，暂止于北碚勉仁学院、相辉学院。

吴宓的一生是悲剧的一生，正如温源宁所说："悲哉雨僧，你是那样孤芳自赏、不屈不移。更可悲者，是雨僧对自身也没有了解。他立论上是人文主义者、古典主义者，但是性癖上却是彻头彻尾的一个浪漫主义者。雨僧为人坦白无伪，所以此点人人都已看出，只有他自己看不见。"(《中国评论周报》1934 年 1 月 25 日英文版，林语堂译）这段话揭示出造成吴宓人生悲剧的缘由。他早年所受的教育，使他对中国传统文化有深厚的感情。留学美国，白璧德的理论使他完全投入了中国古典文化的怀抱，从而自觉追慕孔子人格。然而，他性格中的浪漫特质使他更易于接受西方浪漫主义，诗人的气质使他又钟爱拜伦、雪莱等人的诗，从而又熔铸了他重视个性的浪漫气质。这两种巨大的洪流集于吴宓一身，于是形成了他道德观上崇尚传统，个人感情上又重个性，表面上似乎矛盾，实际上归于真诚的人格特征。

吴宓的悲剧，既有他个性的因素，更重要的是社会因素。他终生追寻孔子的君子人格，他的遭际也同孔子类似。孔子曾言："后世知丘者以《春秋》，而罪丘者亦以《春秋》。"(《史记·孔子世家》）他活在人世时曾"累累若丧家之狗"，但死后却千古流芳。吴宓也是这样，成名于《学衡》，遭毁于《学衡》，但他一生"存心忠厚，秉性正直"，终守善道，既不从政慕官，也不求利索财，就是要做一位堂堂正正的读书人。当他垂暮之年双目失明，神志昏迷时，他仍然呼喊着："给我水喝，我是吴宓教授！""我要吃饭，我是吴宓教授！"在这叫喊声中，饱含着一代学者一生的酸甜苦辣。当年的翩翩学子，饱览经书，满腹经纶，28岁就当上了教授，一生忙于授业、作文，编《学衡》、办《大公报·文学副刊》，而今几多往事，化为云烟，只有在昏迷中呼喊，这是他对一生未竟事业的遗憾，对所受种种不公平遭遇的愤慨！正如南荪先生所说："'我是吴宓教授'是已经感到就要与人间永别时用生命的最后一股力，用最后的一口气息宣布自己的人格。"(《追怀老师吴宓教授》)

历史总是能做出公正的评判。蒙垢几十年的吴宓，总算等到了洗尘之日，他那正直的人格将永远激励着后来的学子。正是本着这一目的，我们才从罕见的材料中搜寻出一些有关先生读书、为人的文字，聊表我们对先生的怀念之情。嵯峨巍巍，泾水汤汤，先生的精神将同他家乡山水一样，永久长存！

主要参考文献

[1]吴宓.吴宓诗集[M].上海：中华书局，1935.

[2]吴宓.吴宓诗集[M].北京：商务印书馆，2004.

[3]吴宓.吴宓诗话[M].北京：商务印书馆，2005.

[4]吴宓.吴宓日记（1—10 册）[M].北京：生活·读书·新知三联书店，1998.

[5]吴宓.吴宓日记续编（1—19 册）[M].北京：生活·读书·新知三联书店，2006.

[6]吴宓.文学与人生[M].王岷源译.北京：清华大学出版社，1993.

[7]吴宓.吴宓自编年谱[M].北京：生活·读书·新知三联书店，1995.

[8]吴宓，梅光迪，汤用彤主编.学衡（1—16 册）[M].南京：江苏古籍出版社，1997.

[9]吴学昭.吴宓与陈寅恪[M].北京：清华大学出版

社，1992.

　　[10]顾炎武．吴宓评注顾亭林诗集[M].吴宓注．北京：人民文学出版社，2012.

　　[11]李赋宁，孙天义，蔡恒编．第一届吴宓学术讨论会论文选集[G].西安：陕西人民教育出版社，1992.

　　[12]李赋宁等编．第二届吴宓学术讨论会论文选集[G].西安：陕西人民教育出版社，1994.

　　[13]刘家全，蔡恒，石晒宪编．第三届吴宓学术讨论会论文选集[G].西安：西安地图出版社，2005.

　　[14]王文等编．第四届吴宓学术讨论会论文选集[G].西安：西安地图出版社，2005.

　　[15]黄世坦编．回忆吴宓先生[G].西安：陕西人民出版社，1990.

　　[16]政协泾阳县委员会文史委员会编．泾阳文史资料第六辑——吴宓专辑[G].泾阳：政协泾阳县委员会文史委员会，1990.

　　[17]徐葆耕编．会通派如是说——吴宓集[M].上海：上海文艺出版社，1998.

　　[18]阎淑侠，许军娥编注．学衡序言按语辑注[M].西安：三秦出版社，1998.

　　[19]北塔．吴宓传[M].北京：团结出版社，2000.

　　[20]李继凯，刘瑞春选编．解析吴宓[M].北京：社会

科学文献出版社，2001．

　　[21]李继凯，刘瑞春选编．追忆吴宓[M]．北京：社会科学文献出版社，2001．

后　记

　　我第一次知道"吴宓"这个名字是在大学一年级的现代文学课堂上，只知道他是守旧派"学衡派"的代表人物，除此之外再无别的印象。真正与吴宓先生结缘是20世纪90年代初的事。当时，我在陕西师大外语系工作，主修比较文学专业。1988年4月，陕西省比较文学学会召开首届年会，名誉会长是北京大学李赋宁先生，他专程从北京来赴会，并做了"怀念恩师吴宓先生"的报告，给与会者留下深刻的印象，此时我才知道吴宓先生是中国比较文学的奠基人。之后，连续参加了四届吴宓先生学术研讨会，也写了四篇有关吴宓先生的论文，细读我校图书馆馆藏的20世纪30年代出版的《吴宓诗集》及《学衡》杂志，对吴宓先生有了较为全面的了解。正因如此，我便慨然应诺撰写吴宓先生的读书生活，作为"万卷书蠹文丛"的一册。因时间紧，为确保按期完成任务，我请蔡恒先生写了部分稿子。蔡先生对吴宓非常崇敬，自觉追慕吴宓，故欣然同意。可以说，此书寄托着我们对吴宓先生的深切怀念之情。

吴宓先生的一生很简单，他说他一辈子就是和书结缘：读书、写书、教书、编书、藏书，与书而眠，伴书而生，他是一个痴情的读书种子。在《余生随笔》里他告诉他的学生：每个人有每个人的读书方法，但必须做到五到：眼到、耳到、口到、心到、手到，即为治学之要诀。要成为一个真正的学问家，"余以为，吾辈为人师者，应不止于课堂上传道授业解惑，尤应鼓励诸生勤奋治学，开阔学子眼界，培养终身好学之良习"。吴宓给他的学生周锡光分别留言写的是"人生最大的幸福是读书"。吴宓先生这样教育学生，他自己也是这样做的。

终其一生，吴宓先生是一位充满矛盾、毁誉参半的人，正如他的学生、北京大学教授季羡林所说："雨僧先生是一个奇特的人，身上也有不少的矛盾。他古貌古心，同其他教授不一样，所以奇特。他言行一致，表里如一，同其他教授不一样，所以奇特。别人写白话文、写新诗；他偏写古文、写旧诗，所以奇特。他反对白话文，但又十分推崇用白话写成的《红楼梦》，所以矛盾。他看似严肃、古板，但又颇有一些恋爱的浪漫史，所以矛盾。他能同青年学生来往，但又凛然、俨然，所以矛盾。"但有一点，大家对他的认识达成共识，即承认他为人真诚。 吴宓先生说："予恒言：道德乃真切之情志，恋爱亦人格之表现。予于德业，少所成就，于恋爱尤痛感空虚。然予力主真诚，极恶伪善。""存心忠厚，秉性正直。甘愿吃亏，决不损害别人丝毫。言而有信，处处积极负责。"（周锡光《追忆吴宓教授》）他的这种"真诚"在当下社会更值得我们学习。

最后，用我在 2004 年第四届吴宓学术研讨会时写的《祭吴宓先生文》作结语：

> 维 2004 年 12 月 20 日，参加纪念吴宓先生诞辰 110 周年大会暨吴宓学术讨论会全体后学谨以鲜花薄醴之仪，敬祭于先生之陵寝。且曰：
>
> 夫才以学高，名以德扬。先生秉泾水之郁秀，兼秦地之地灵；幼承庭训，博览经典；服膺仁义，心存天下。以"堪笑井蛙言大海"之壮志，东出潼关；凭"愿从赤骥走风尘"之豪情，勤业清华，博古通今。继而负笈游学，精进哈佛。师从白璧德，传承新人文；树蕙清华园，培养"博雅"士。学界奉为宗师，四海尊曰泰斗；桃李遍及天下，门人享誉寰宇。
>
> 先生立身，磊落真诚；不趋时尚，特立独行。养天地之正气，法古今之圣贤。弘扬中华文化，奋力于昌明国粹；创办《学衡》名刊，会通乎中西熔铸。呜呼！兰薰而摧，玉缜则折。先生虽屡遭诋毁，终孜孜

不改其行。四凶肆虐，殃及孔孟，"宁可杀头，也不批孔"，卓尔不群，石破天惊。

先生乃布衣学叟而襟怀坦白。乐于助人，勤于育人。视富贵官宦若浮云，奉硕学真才为珍品。不慕虚名，不尚浮华，唯彦俊是惜，后学是爱。诚可谓志华日月，声溢金石；德存华夏，求仁得仁。呜呼！昊昊苍天，何以独歼明懿？幸喜阴霾尽扫，神州重光。先生之奇节，于今尤显；先生之卓识，后世益明。览遗籍以伤怀，思仪容而动情。故而颂曰：

嵯峨巍巍，若先生品节之高尚；泾水汤汤，载先生令德以用漾。

忍哀陈馈，惟祈鉴歆！

是为后记。

高益荣

2018 年 3 月 12 日

于陕西师范大学景丑斋